图说历史丰碑

U0676136

文体娱乐

李默/主编

广东旅游出版社
GUANGDONG TRAVEL & TOURISM PRESS
悦读书·悦旅行·悦享人生

中国·广州

图书在版编目（CIP）数据

文体娱乐 / 李默主编 . —广州 : 广东旅游出版社，
2013.10（2024.8 重印）
ISBN 978-7-80766-681-3

Ⅰ.①文… Ⅱ.①李… Ⅲ.①文娱性体育活动－中国
－通俗读物 Ⅳ.① G89-49

中国版本图书馆 CIP 数据核字 (2013) 第 221343 号

出 版 人：刘志松
总 策 划：李 默
责任编辑：张晶晶
装帧设计：盛世书香工作室　腾飞文化
责任校对：李瑞苑
责任技编：冼志良

文体娱乐
WEN TI YU LE

广东旅游出版社出版发行
（广东省广州市荔湾区沙面北街 71 号首、二层）
邮编：510130
电话：020-87347732（总编室）　020-87348887（销售热线）
投稿邮箱：2026542779@qq.com
印刷：三河市嵩川印刷有限公司
　　　（河北省廊坊市三河市杨庄镇肖庄子村）
开本：650×920mm　16 开
字数：105 千字
印张：10
版次：2013 年 10 月第 1 版
印次：2024 年 8 月第 3 次印刷
定价：45.80 元

出版者识

《图说历史丰碑》是一部全景式图文并茂记录中国文明历史的大书。出版者穷数年之力，会集各方力量——专家、学者、编辑、学术顾问们，在浩如烟海的历史档案、资料、著作中，探珍问宝，追寻中华文明在悠悠历史长河中的灿烂之光。此书的出版，凝聚了编撰者的心血，学术顾问们的智慧。尤其是李学勤先生，亲自动笔写下了序言，更增加了本书沉甸甸的分量。

中华文明的历史充满了辉煌与苦难，成就和挫折。它的历史无处不在，决定着我们中国人今天的思想和感情。当今的中国和中国人是中华文明的历史造就的，是中华文明的历史的延伸，也是它的一个组成部分，中华文明的历史之河奔流到现在。

中华文明是人类历史上最伟大的文明之一，是人类文明发展的主要构成。中华文明丰富、深刻、辉煌、博大，在人类文明中的骨干作用和领导作用人所共知。在人类文明的发源时期，中国就是四大古国之一，是地球上文化的策源地之一。在人类文明的早期，中华文明成为文明在东方的支柱，公元前后200年间，人类的汉帝国与罗马帝国这两只铁手攫住了地球。在欧洲进入中世纪的时候，中华文明更成为人类文明最主要的领导，它的文明统治东亚，传遍世界。进入近代，中华文明处于自身的重压和西方的欺凌下，但中国人民的斗争史和奋起精神是人类文明历史中不可缺少的一页。

五千年的中华文明为人类贡献出了从思想家孔子到科学技术的四大发明、从唐诗宋词到长城运河的伟大创造，贡献出了从诸子百家到宋明理学，从商周铜器到明清文学的深刻内涵，也贡献出了从五霸七强到三国纷争、从文景之治到十大武功的辉煌历史。中华文明的历史绚烂多彩，在人类文明的历史长河中永放光芒。

中华文明也是人类历史上最独特的文明，没有哪一个文明像中华文明这样持久，这样统——致。世界上其他文明不但互相交错，其创造者也都与高加索体质的人种有关，它们是姐妹文明。在人类历史中，只有中华文明才是独特的，它的创造者是中国土地上的中国人民，与其他任何地方的人民都没有关系，它的文化是统——致的文化，可以不依赖于其他任何文明而生存，但中华文明也绝不是封闭的，它接受他人的文化，也承担自己对于人类的责任。

人类进入新世纪，中国的社会经济发展令世人瞩目。人们对于世界未来的政治和经济结构的估计无不以东亚和太平洋为中心，而尤以中国为重点。

经济起飞只是当代中国的一个方面，中国的精神文明的建设尤为刻不容缓。如果中国要自觉地发展中华文明，要有意识地使中国的发展具有世界意义，就必须发展强有力的精神文化，这样才能使中华文明的发展进入一个新的阶段，才能形成中国和中华文明的全面现代化。

而中国的精神文化的发展植根于中华文明的伟大传统之中。进入近代之后，在西方文化的冲击下，对于中国文化的价值产生大量的情绪化和激烈冲突的论调。"五四"运动打倒孔家店的口号具有冲破封建束缚的时代意义，对中国文化的发展有不容否认的正面意义，与文化虚无主义是完全不同的。文化虚无主义者否定中国传统文化，在现代化的旗帜下主张全盘西化；而复古主义则沉迷于中国文化的古董，走进反进步、反科学的泥潭。

历史的发展则超越了所有这些论点，产生这些论调的一百多年来的中国近代史已经结束。历史要求中国发展，要求中国走在全世界发展的前列。西化论和复古论都已过时，历史已经要求世界超越西方，中国可以承担起世界的命运，而中国的现实和世界的历史都说明，中国的使命在于它的发展前进，而非倒退。

中华文明走出迷惘的时代，我们这一代处在一个伟大而具有挑战的历史阶段。

总结历史、展望未来，这就是《图说历史丰碑》的意义和使命。我们创作《图说历史丰碑》，力求总结和回顾中华文明的全貌，在内容和形式上都开创一个新的局面。在内容结构上，既具有一定的深度，又具有相当的广博性，既有严谨、准确的学术价值，又有活泼、流畅的可读性。我们在本丛书内容纳了中华文明的各个方面，使它综合了大规模学术著作的系统性、严密性和普及读物的全面性、简易性，它既可作为大型工具书检索中华文明的各个成分，又可作为通俗的读物进行浏览。

我们从上世纪90年代初起就开始思考中华文明的历史和现实问题，并逐渐形成了编著《图说历史丰碑》的设想。在开展这项庞大的文化工程之始，我们就聘请了国内权威学者李学勤、罗哲文、俞伟超、曾宪通、彭卿云诸先生担任学术顾问，他们对计划作了充分讨论，并审阅了大量初稿。我们聘请了广州、香港地区的社会科学学者、大学教师、研究生以及我社编辑人员几十人担任稿件的撰写工作。

通过创作这部书，我们深深地感受到了中华文明的博大精深，也感受到了它的内在缺陷。中华文明具有辉煌的时期，也有苦难的年代，有它灿烂的成就，也有其不足的方面。中华文明在自身中能够吸取充分的经验和教训，就能够使自身健康壮大，成长发展。

通过创作这部书，我们也深深感受到了出版事业的使命和重任。我们希望这部书能受到广大读者的喜爱，起到它所应当起的作用。为中华文明的反省、前进和奋起作一点贡献。

目 录

中国音乐产生 /001

春秋兴盛赋诗 /003

中国音乐十二律体系完成 /004

中国第一部诗歌总集《诗经》编成 /005

屈原作《九歌》/008

屈原作《离骚》/009

萧何作《九章律》/011

刘邦作《大风歌》/011

贾谊作《吊屈原赋》/012

《尔雅》成书 /013

鼓吹乐和相和歌兴起 /015

卫宏传《诗序》/018

梁鸿作《五噫歌》/019

《古诗十九首》与所谓苏、李酬答诗完成 /020

陶渊明作《归去来兮辞》/021

高丽音乐传入中国 /023

西凉乐流行于北方 /024

妇女发式日趋丰富 /024

谢灵运推动山水诗发展 /026

沈约改革诗歌形式新体诗出现 /028

谢朓发展山水诗 /029

文学家任昉去世 /031

宫体诗形成 /031

李善注《文选》/032

变文演唱成熟 /033

刘长卿诗作反映安史之乱的恶果 /035

陆羽著《茶经》/036

李公佑创作传奇 /037

魏谟谏止文宗观《起居注》/038

王彦威进《供军图》/039

孙过庭写《书谱》/039

李思训画山水 /041

中原西域乐器结合 /042

元稹撰《莺莺传》/044

白居易作《长恨歌》《琵琶行》/046

韩愈作《师说》/048

韩愈以文为诗·风格独特 /049

白居易作《与元九书》/051

蒋防作《霍小玉传》/053

王建作《宫词》/054

李商隐作《无题》诗 /055

晚唐壁画骄奢淫逸 /056

韦庄作《秦妇吟》/058

苏、梅倡导诗文改革 /059

苏轼诗歌多姿多彩 /061

黄庭坚开诗歌新流派 /063

秦观作《淮海词》/064

朱淑真作《断肠词》/066

张择端作《清明上河图》/067

契丹文长诗《醉义歌》成 /070

嵇琴出现 /071

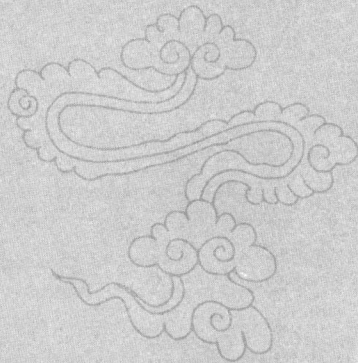

吴棫创古音学 /072

汪元量作遗民诗 /074

张炎词风追步姜夔 /075

《乐府诗集》结集 /076

汉金音乐集于金宫庭 /078

中国阿拉伯数学交流 /080

中国文化传入欧洲 /082

《大元大一统志》编成 /084

白朴作《梧桐雨》 /084

任仁发画《二马图》 /086

元编政书《元典章》、《元经世大典》 /087

元英宗制订元律 /089

乔吉精于散曲 /090

声乐专著《唱论》成书 /091

高明所作《琵琶记》上演 /092

《洪武正韵》编成 /094

潮州音乐发展 /096

《高山流水》发展成熟 /096

花鼓表演遍及中原 /097

中国版画进入繁荣时期·版画各流派出现 /098

张居正请毁天下书院 /100

徐渭作《四声猿》 /101

《金瓶梅》成书 /103

顾炎武编《天下郡国利病书》 /106

《皇舆全图》开中国近代地图先河 /107

《大清律》编成 /108

《授时通考》编成 /109

《律吕正义》编成 /110

《九宫大成谱》编成 /111

秧歌·高跷流行于北方 /112

西洋音乐进入中国 /114

《绣谱》传刺绣工艺 /115

交际舞进入中国 /117

江有诰集古音学大成 /117

众多琴派涌现 /119

近代节会盛行于民间 /120

民间剪纸兴盛 /122

河北梆子兴盛 /124

舞狮舞龙遍及全国 /126

赵之谦书画印俱佳 /127

电影艺术传入中国 /129

裕容龄姐妹学习西方现代舞 /131

学堂乐歌活动兴起 /132

丰泰照相馆拍摄中国第一部电影 /133

沈心工配制学堂歌曲《革命军》/135

地方戏曲全面兴起 /136

安徽画风兴盛 /139

《华氏琵琶谱》编成 /141

任颐人物画出神入化 /143

李叔同创作歌曲 /145

明星影片公司成立 /146

联华影业复兴国片 /149

《歌女红牡丹》轰动全国 /151

中国音乐产生

在新石器时代,中国音乐从先民的原始乐舞中脱身出来,发展为高水平的、有中国特色的音乐体系。

在人类脱离猿人演变为现代人的漫长历程中,产生了人类的原始乐舞活动,人们在打击原始简单乐器的节奏和乐声中尽情歌舞,产生了歌舞一体的原始乐舞,它往往以模仿狩猎活动的化妆舞蹈为主体,也伴随以祈求丰收、愉悦神灵等巫术内容。在一些现存原始民族中,这样的乐舞活动仍存在,《吕氏春秋》也记载了葛天氏氏族的大型乐舞。新石器时代青海大通县上孙家寨的彩陶乐舞图(5800～5000年前)描绘了一个队列、服饰、动作都一致、整齐的乐舞场面,表现了乐舞的高级形式。

但是在新石器时代,中国音乐已从乐舞中发展成为高度发达的音乐体系,人们对音乐的乐律性质有了理性认识,随着笛、埙类有明确音高的旋律乐器的出现,人们开始认识音与音之间的关系,音阶开始产生,并有了将音高纳入模式的乐律知识。山西万泉县荆村和半坡的陶埙已不按绝对音高制作,而具有调式性质,其中一音孔陶埙均能发4个音,并且各埙相邻音阶也大致相同。

早于仰韶文化的河南省舞阳县贾湖新石器遗址出土有十几件骨笛,大多为七孔,能奏出七声音阶,

仰韶文化彩陶乐舞图纹饰陶钵。盆内壁上绘有组合式舞蹈纹,纹中人物相互牵手而舞,分腿而蹈,颇具韵律感。

陶埙。单孔陶埙，仰韶文化半坡类型文物。上端有一小孔，轻吹可发出声响，属原始乐器。三孔陶埙，仰韶文化姜寨二期类型文物。压或不压音孔可吹出四种不同声音，属原始乐器。

结构完整，音质较好。有些骨笛在音孔旁还有调音用小孔，可见制作者已有明确的乐律意识和一定的调音水平。中国乐律知识产生于新石器时代，表明中国音乐已完全脱离原始乐舞时代，人们对音乐的认识有了一个飞跃，真正的音乐开始产生。在这一点上，中国远远走在其他文明之前。舞阳骨笛解决了"先秦有无七声音阶"、"春秋战国的六声音阶是否由国外传入"的争论，它的发现是世界史前音乐遗物中最早、最可靠、最杰出的乐器之一。

中国乐器体系在新石器时代的发源也是中国音乐体系产生的重要标志。在江苏吴江梅堰和浙江河姆渡遗址中都发现新石器时代人所使用的骨哨，已具有原始乐器的性质，说明了管、箫之类易腐难存的器物的出现是可能的。具有音程的埙在中国广泛使用，陶钟、陶铃也出现于陕西龙山文化和甘肃临洮县寺洼山，揭示了青铜时代中国钟乐的辉煌。鼓、缶这样的节奏乐器，特别是笛、埙这样的旋律乐器显示了乐器的专门化

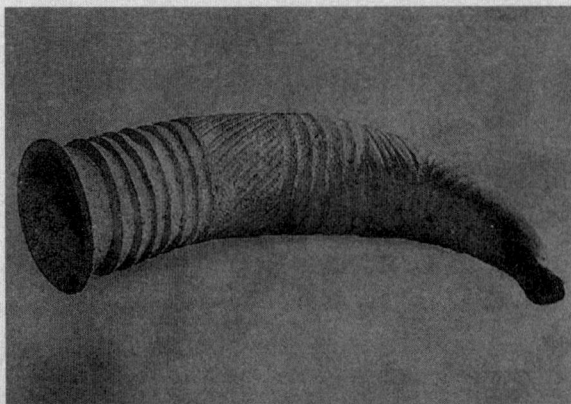

陶号角。距今5000年左右，长32厘米、口径8.5厘米，手制，呈弯形牛角状。山东莒县大米村出土。

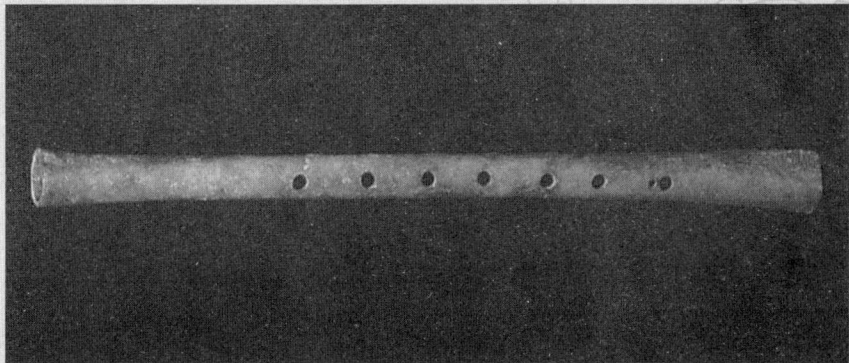

河南舞阳新石器遗址中出土的早于仰韶文化的骨笛

水平，是中国音乐乐器体系的雏形。

专职乐人和完整作品在这一时代可能已大量出现，中国古代乐人伶伦的作品《韶》、《云门》、《咸池》等虽然是传说，但也体现出前商时代中国音乐成果对于后代的影响。

新石器时代中国音乐的产生，是人类音乐在东亚的首先突破，为中国音乐文化的发展奠定了基础，也深深影响了商周的生活方式。

春秋兴盛赋诗

周灵王十五年（前557）晋平公宴诸侯于温（今河南温县西南）。使各国大夫歌舞，要求"歌诗必类"（歌诗与舞蹈相配）。齐大夫高厚不类。晋荀偃谓其有异志，高厚逃回去齐国。春秋时诸侯盟会、大夫往还多以"诗言志"，此其一例。

春秋时盛行赋诗，指在社交场合吟诵《诗经》。"诗言志"不是指作诗言志，而是朗诵《诗经》言志，这表明当时文学艺术还未进入创作阶段，人们的兴趣还在于引诵古诗。

中国音乐十二律体系完成

湖南马王堆出土的竹制十二音律管

周代乐律学有重大建树，开始创立完整的音阶形态及其理论，从而奠定了中华乐律学的基础。五声音阶、七声音阶和十二律理论都在此时期形成。

据《国语·周语》记载，周景王（前544～前520在位）在前522年曾问乐律于乐官伶州鸠。伶州鸠讲了许多乐律学知识。他按六阳六阴的顺序列举了黄钟、大吕、太簇、夹钟、姑洗、仲吕、蕤宾、林钟、夷则、南吕、无射、应钟等12个律名。这是十二律名见于典籍的最早的完备记载。

同时春秋时代音乐发达的现象造成了"和"的范畴的提出，它本来指的是音乐的音符去其音质而组成玄妙的旋律性，后来发展为指有个别性质的事物去其本性而成为一个本体论的旋律性的"和"。这后来成为战国美学的本质特征，与希腊人追求几何结构的清晰性是完全不同的。"和"最终上升为本体论范畴，与"德"一起构成战国哲学基本方式。

中国第一部诗歌总集《诗经》编成

　　《诗经》是中国最早的一部诗歌总集，编成于春秋中叶，收集了从西周初到春秋中叶约 500 年间的诗歌 305 篇（另有《南陔》、《白华》、《华黍》、《由庚》、《崇丘》、《由仪》6 篇，只存篇名，疑是后人所加），先秦称为《诗》或"诗三百"，到汉代《诗》被朝廷正式奉为儒家经典，始有《诗经》之名，并沿用至今。

　　《诗经》是经过不断的搜集、整理和编订而成的。相传周代采诗官员"行

鹿鸣之什图卷（两幅）。此卷设色画《诗经·小雅》中《鹿鸣》等十篇大意，字画各十段，每段画面前书《诗经》原文。卷末又书另外三篇的诗序，但无原诗，也无画面。世传为宋高宗赵构或宋孝宗、马和之画的《毛诗图卷》，现流传有近二十卷之多，但不可确定为真迹。其中书写文字者，很难确认是高宗或孝宗。卷中书法摹似高宗，但仅得其形貌，与孝宗书法也不相同，应为当时御书院中人所书。
此处所选仅为《鹿鸣之什图》卷中的《鹿鸣》（上）和《四牡》（下）两段图文。

幽凤图卷（两幅）。此图设色画《诗经·豳风》中《七月》等七篇大意，字画各七段，每段画面前书《诗经》原文。卷中书画均无款印。本幅上有明人项笃寿、项元汴、清人梁清标诸印及乾隆、嘉庆、宣统内府收藏印多方。经《清河书画舫》、《清河书画表》、《式古堂书画汇考》、《大观录》、《石渠实笈·续编》、《石渠随笔》著录。
此处所选仅为《豳凤图》卷中的《七月》（上）和《狼跋》（下）两段画面。

人"深入民间四处采访，收集民歌以供朝廷了解民情风俗和考察政治得失，另外周代又有公卿大夫和诸侯向天子献诗的制度。这些搜集和陈献来的作品经过乐师的审理编定，使其词汇、句法、韵律都相当一致。

　　《诗经》的作品当时是用来配乐歌唱的，根据音乐的不同，分为"风"、"雅"、"颂"三部分。"风"是各诸侯国的地方音乐，共160篇，其中大部分是民歌；"雅"是西周京畿地区的正声音乐，共105篇；"颂"是用于宗庙祭祀的舞曲歌辞，共40篇。《诗经》中最富有思想意义和艺术价值的是《国风》，它广泛而真实地表现了下层人民的生活困苦和喜怒哀乐，反映出当时严重的阶级对立。如《豳风·七月》把农夫终年的艰辛劳作与统治阶级奢侈无聊的生活加以对比；《魏风·伐檀》中对不劳而获的剥削者发出强烈质问："不稼不穑，胡取禾三百廛兮？不狩不猎，胡瞻尔庭有县貉兮？彼君子兮？不素餐兮？"而《魏风·硕鼠》把剥削者比作大老鼠，抨击他们"莫我肯顾"，表示"逝将去汝，适彼乐土。"还有不少作品控诉了战争和徭役给人民带来的灾难。如《唐风·鸨羽》写无休无止的"王事"使人民无暇耕作，家中父母无人奉养；《邶风·式微》写主人公长期服役，奔走于泥涂，抱怨统治者使他有家不能归。另外，歌颂爱情婚姻和家庭生活的作品在《国风》中占了很大比重，有的写相思苦、失恋愁，有的表现了对爱情的忠贞、对礼教的反抗等。

《诗经》风格朴实清新，逼真地再现了生活原貌，开创了中国诗歌的写实传统。其表现手法，前人概括为赋、比、兴。赋是用铺陈手法直接叙事抒情，多见于《颂》和《大雅》，如《七月》中以时令和物候的变化为背景，详细描写农夫一年四季的生活状态，展示了一幅生动的农村风俗画。赋对《诗经》的写实性和形象性起了积极作用。比即比喻，对人或物加以形象的比喻，使其特征更加鲜明突出，如《庸风·相鼠》和《魏风·硕鼠》用令人憎恶的老鼠来比喻统治者的贪婪和丑陋，《豳风·鸱鸮》假托一只小鸟诉说其不幸遭遇，以比喻下层人民生活的艰难。兴是借助其他事物作为发端，引起所要歌咏的内容，使人产生联想，或用于烘托和渲染气氛，如《邶风·谷风》用"习习谷风，以阴以雨"开端，给全诗罩上一层阴暗色彩，预示着矛盾的爆发和女主人公的悲剧命运。赋比兴手法的运用，可在诗中产生多重艺术效果，增加诗的韵味和形象感染力，构成生动鲜明的艺术形象。

《诗经》主要是四言诗，这是在原始歌谣的基础上发展起来的早期诗歌形式，适应当时劳动、舞蹈的节奏和语言发展水平。《诗经》语言准确生动，动词和形容词运用精当巧妙，用重章叠句来表达思想感情，在音律和修辞上都收到美的效果。

近代的文学史家一般轻视雅诗和颂诗，而注重由民歌构成的国风。但实际上，雅、颂也有相当的艺术价值，其中一部分是真正的文人纯文学。

即使是国风也不能完全代表民歌特色，尽管其中大量的内容无疑是来自民间，但加工者的改造一定是非常大的，因为从押韵上看不出一点地方方言的痕迹，而这种情况在民歌中几乎没有可能发生。

我们在很大程度上可以把《国风》看作孔子（也许还有其它人）的改造，

而雅、颂的改造可能少一点。在改造中表达出春秋时代与雅诗一致的审美观。从各方面看，它们反映了春秋赋诗所代表的时代风尚和孔子学派的政治和审美观点。

屈原作《九歌》

《九歌》本是远古的乐曲名。屈原的《九歌》是在楚地祀神歌舞的基础上创作而成的。它包括《东皇太一》、《东君》、《云中君》、《湘君》、《湘夫人》、《大司命》、《少司命》、《河伯》、《山鬼》、《国殇》、《礼魂》共11篇作品。《礼魂》是送神曲，《国殇》是祭奠为国捐躯的将士，其余9篇各祭1位天神地祇。《九歌》带有浓厚的宗教情调，普遍采用由男女巫觋扮作神祇和迎神者，互相唱和的形式，如同生动的歌舞剧。其中有隆重热烈的迎神场面，有对神的礼赞和歌颂，更多的是写男女神祇之间的爱慕和思念，实际是笼罩着宗教面纱的人间恋歌。《九歌》的语言优美隽永，风格清丽绵邈，深婉曲折。诗中善于表现主人公深邃复杂、缠绵细腻的感情。如《山鬼》中写女主人公精心妆扮，伫立于山巅，等候恋人，时而自信，时而怨恼，时而猜测，时而狐疑，时而感伤。诗中把她那种起伏不定、倏忽变化的思绪表现得淋漓尽致，充满了哀怨忧伤的情调。《九歌》中还常常用环境描写来烘托感情，

九歌图卷局部

创造情景交融的境界。如《湘夫人》中描写湘君等候湘夫人的情景，萧飒的秋景，衬托着湘夫人的绰约身姿，勾起湘君的无限惆怅。诗的一开头，就把读者带进了优美而凄婉的意境。另外，《国殇》一诗是对阵亡将士的祭悼，写出了激烈的战斗场面和将士们视死如归的战斗意志，风格也豪迈悲壮，是历来传诵的名篇。

九歌图局部

　　《天问》作于屈原被逐之后，相传他走进楚国先王之庙和公卿祠堂，见到壁上所画的天地山川、神灵鬼怪及古代圣贤的故事，于是援笔发问，以抒忧泄愤。诗中共提出170多个问题，涉及很多神话传说和历史故事，表现了屈原的怀疑批判精神和深沉的忧国情绪。它是研究中国古代神话的珍贵资料。

　　楚辞是屈原在楚地民歌基础上改造而成的一种新诗体，其名称最早见于汉初，人们用它来称指屈原、宋玉等人的作品以及汉代作家的模仿之作。屈原是楚辞的伟大奠基者，他的作品在中国诗歌史上占有重要地位。本世纪50年代，他曾被推举为世界文化名人。

屈原作《离骚》

　　周赧王十六年（前299），屈原被放逐。他"忧愁幽思"，看到楚国的政治现实和自己的不平遭遇，"发愤以抒情"，创作了一首政治抒情诗——《离骚》。由于诗中抒写出诗人自己的身世、思想和遭遇，也有人把它看作是诗人的自传。

　　《离骚》前部从自己的世系、品质、修养和抱负写起，回溯了自己辅佐楚王所进行的改革弊政的斗争及受谗被疏的遭遇，表明了自己决不同流合污的政治态度与"九死未悔"的坚定信念；中间部分总结历史上兴亡盛衰的经验教训，阐述了"举贤授能"的政治主张，并从而引出神游天地、"上下求索"的幻想境界，表现了对理想的执着追求；最后部分是在追求不得之后，

屈原像

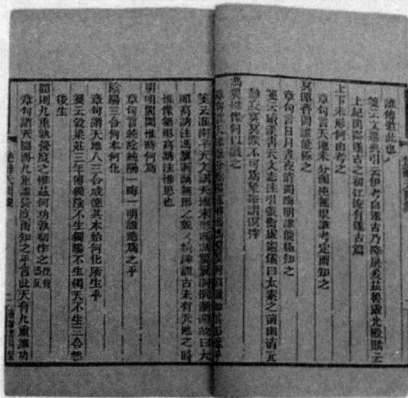

《天问》书影。屈原在《天问》中，一连提出一百多个问题，上问天，下问地，包罗万象，充分表现出屈原强烈的社会责任感和浓郁的浪漫主义色彩。

转而询问出路，从中反映了去国自疏和怀恋故土的思想矛盾，终于不忍心离开自己的祖国，最后决心以死来殉自己的理想。诗中塑造了具有崇高品格的主人公形象，反映了诗人实施"美政"、振兴楚国的政治理想和爱国感情，表现了诗人修身洁行的高尚节操和嫉恶如仇的斗争精神，并对楚国的腐败政治和黑暗势力作了无情的揭露和斥责。这正是《离骚》作为政治抒情诗的精神实质和不朽价值。《离骚》是屈原用他的理想、遭遇、痛苦、热情，以至于整个生命所熔铸而成的宏伟诗篇，其中闪耀着诗人鲜明的个性光辉，这在中国文学史上，还是第一次出现。诗中大量运用古代神话和传说，通过极其丰富的想象和联想，并采取铺张描叙的写法，把现实人物、历史人物、神话人物交织在一起，构成了瑰丽奇特、绚烂多彩的幻想世界，从而产生了强烈的艺术魄力。

屈原是中国第一个文人诗人，此诗是战国时期最杰出的文学作品，在形式、文学手法上都是空前的，在文化意识上表现出战国文明提升的深广性。

萧何作《九章律》

汉高祖十一年（前196），刘邦在亲自率军征讨陈豨反叛中得知萧何设计帮助吕后杀韩信后，随即遣使者拜丞相萧何为相国。萧何为刘邦汉天下的建立创下了卓著功勋，汉初刘邦论功分封天下，以萧何为第一。萧何在任职丞相和相国期间，推行与民休息、轻徭薄赋的政策，使汉初社会经济能够在连年的战乱后得以恢复。高祖十二年（前195）萧何又依据秦法，并进行删削增补，制定出《九章律》，为汉朝的社会稳定起了一定作用。《九章律》又称《汉律九章》，是西汉统一后最早颁行的基本法典。现在，《九章律》原文已失传，仅知篇目为"盗律"、"贼律"、"囚律"、"捕律"、"杂律"、"具律"、"户律"、"兴律"、"厩律"。前六篇大体与秦律相同，内容以刑法为主，还夹杂有审判、囚禁等规定；后三篇为萧何新创，是有关户口、赋役、兴造、畜产、仓库等规定。《九章律》的制定为汉以后的立法奠定了基础。

刘邦作《大风歌》

汉高祖十一年（前196）七月，淮南王英布叛乱，刘邦亲自率军征讨。第二年（前195）十月，刘邦击败英布的叛军，得胜班师。途中经过故乡沛地，于是在沛宫设酒，与沛地老朋友父老子弟会饮，畅谈过去之事。酒酣乐甚之际，刘邦击筑自作歌诗："大风起兮云飞扬，威加海内兮归故乡，安得猛士兮守四方。"辞意慷慨，表达了刘邦一统天下、功业成就后踌躇满志的心理和居安思危的胸怀。《汉书·礼乐志》称之为《风起之诗》，后世取歌辞首句名

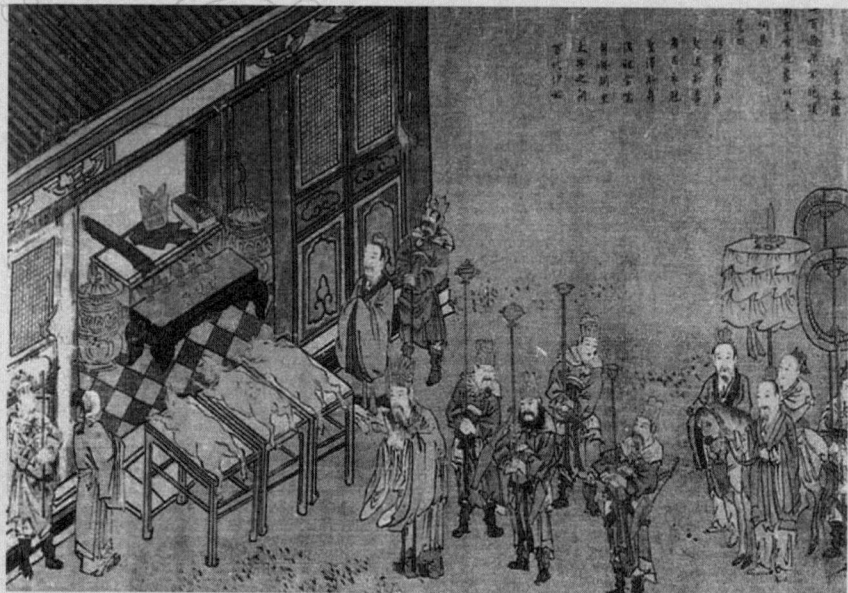

《刘邦祭礼图》，前195年，汉高祖刘邦经过鲁地，首开皇帝祭孔的先河。

之为《大风歌》。唱完《大风歌》后，刘邦还不尽兴又亲自起舞，慷慨伤怀，热泪盈盈，对沛地父老兄弟说："在外的游子对故乡感到悲愤和不平。我是从沛公起家而诛杀暴逆、遂夺取天下的，因此沛地是对我有恩的地方。自今以后免除沛地百姓赋役以作为报答。"

贾谊作《吊屈原赋》

贾谊（前200～前168），洛阳人，西汉初期杰出的政治家和文学家。"年十八，以能诵诗书属文称于郡中"；二十余，为博士，提出改革制度的主张，表现了卓越的政治才能，得到文帝赏识。但却因此受到守旧派的诋毁，被贬为长沙王太傅。在贬谪中，他仍不忘国事。后为梁怀王太傅，死时年仅33岁。

所著文章58篇，刘向编为《新书》。

贾谊是汉初著名的辞赋家，作品有《吊屈原赋》、《鹏鸟赋》，显示了从楚辞向汉赋过渡的痕迹。

赋本是诵的意思，《汉书·艺文志》说："不歌而诵谓之赋。"荀卿《赋》篇第一次以"赋"名篇，汉人沿袭其义，凡辞赋都称为"赋"。汉初骚体的楚辞逐渐变化，新的赋体正在孕育形成，故贾谊的赋兼有屈原、荀卿二家体制。

《吊屈原赋》是贾谊谪往长沙时所作。它借凭吊古人来抒发自己的感慨。赋中感叹道："彼寻常之污渎兮，岂容吞舟之鱼？横江湖之鳣鲸兮，固将制于蝼蚁。"作者深谋远虑，高瞻远瞩，具有卓越的政治才能，却遭到保守官僚的排挤，政治抱负无法施展，遂以其抑郁不平之气倾注在赋中，虽痛逝者，实以自悼。刘勰评之为"辞清而理哀"。由于贾谊在此赋中引屈原为同调，而《史记》的作者司马迁又对屈、贾都寄予同情，为二人写合传，因而后人往往将贾、屈并列，称为"屈贾"。

《鹏鸟赋》是谪居长沙时所作。它采用主客问答的方式，抒写自己怀才不遇的愤懑情绪，同时也流露出齐生死、等祸福的消极思想。

贾谊的赋在形式上趋向散体化，同时又大量使用四字句，句法比较整齐，显示出从骚体赋过渡到汉赋的端倪。

作为文学家，贾谊最著名的还是他的政论散文，他的《过秦》、《大政》及《陈政事疏》等名篇世代相传，荫泽后人，对唐宋古文的写作有相当的影响。

《尔雅》成书

《尔雅》是中国第一部以训释字、词为主要内容的训诂学专书，它开创了我国词义分类和比较研究的训诂学新阶段。它与《说文解字》、《方言》、《释书》一起构成了汉代小学的高峰，是中国语言文字学研究的重要里程碑。

关于《尔雅》的作者及成书年代，有很多说法，郑玄认为它是孔子或门徒所著，成书于东周，魏太和中博士张揖又以为是周公所作，但他也无法肯定。

《尔雅》。中国最早的解释经典词义的专著。

现代多数学者认为，《尔雅》一书的渊源很古，在相当长的流传过程中经许多学者增补，最后成书于汉初。关于书名的含义，唐初陆德明在《经典释文》中解释为近正，近人黄侃先生考证认为，"雅"是"夏"的借字，因而他断定《尔雅》是诸夏人的言论，为经典的常用语，《尔雅》的释词为训诂的正义。综合考察，《尔雅》是一部以先秦语词为对象通释语义的训诂专著，应当是无疑的。它所释词包括用标准语释方言词语、用当代语释古语及用常用语释难僻词语三种类型。

《尔雅》全书共 3 卷 20 篇。现存 19 篇，按释诂、释言、释训、释亲、释宫、释器、释乐、释天、释地、释丘、释山、释水、释草、释木、释虫、释鱼、释鸟、释兽、释畜等 19 个门类编排。这 19 篇又分两个大类，《释诂》以下 3 篇为一类，主要训释普通语词，《释诂》、《释言》训释单音词，《释训》训释迭音词和连绵词。《释亲》以下 16 篇为一大类，主要训释百科名词，按义归纳为人文关系、建筑器物、天文地理、植物和动物五部分，每部分包括若干篇目并按不同内容划分若干小类。如《释亲》解释亲属关系的词语，分父族、母党、妻党、婚姻四个细目，《释畜》包括马、牛、羊、狗、鸡、六畜等六个细目。内容十分详备，使这部训诂学专书具有了百科全书的性质。

这部书是训诂学史上第一部脱离具体语境训释语词意义的专书，它是先秦语言文字研究成就积累的结晶，汇聚了先秦文献训释的大量材料，是研究先秦文献语言的入门书，它继承了战国中期萌芽的词义类聚和比较研究的方法和成果，将分散在不同文献中的随文释义的训释材料，按同训的原则汇集起来，展示了词与词之间的意义关系。它还首创了按词的义类编排词汇的辞书编纂体例，对后世辞书影响很大，后世百科词典基本上承袭了这种体例。

此外，《尔雅》还可以帮助我们了解古代的自然状况和社会状况，因而极为后代所珍视，汉文帝时代就曾把它同《论语》、《孟子》、《孝经》并列于官学，作为通读古代文献的基本必读书。唐文宗将它列为经书，地位十分重要，因而它流布很广，校注和研究《尔雅》的学者很多，仅清代到近代就有不下20家。研究集中在校正文字如阮元、严元照等，补正注疏如周春，疏证如邵晋涵和郝懿行等以及释例的如陈玉澍和王国维等等，这些恰恰表明它在文化史上具有重要地位。

鼓吹乐和相和歌兴起

汉武帝时，乐府得到加强和扩建，盛极一时。乐府为谱新曲新辞，从全国各地搜集各民族的民间音乐，使民间俗乐经乐府集中、提高后，在汉代宫廷和宫廷以外的音乐生活中展现了丰富多彩的面貌。乐府中民间俗乐的主要体裁为鼓吹乐和相和歌。随着乐府兴盛，鼓吹乐和相和歌也随之兴起。

西汉彩绘木乐俑。两俑吹竽，三俑鼓瑟，均作跪坐式。

鼓吹乐源自于西北少数民族的马上之乐，汉初流入中原，在中国发展、成熟为一个新的乐种。汉代从民间引入宫廷，主要用于宫廷、军府、官府的仪仗、军旅和宴飨，是乐府及太常编制的乐种，部分取代了周代雅乐的职能。相和歌则源于北方民间，它由清唱的"徒歌"（亦叫"谣"）发展为"一人唱，三人和"的"但歌"，

汉竹制十二音律管

再加上管弦伴奏，歌者用"节"打节拍，最后发展成为相和歌。相和歌得名于《宋书·乐志》的"丝竹更相和，执节者歌"，是"街陌歌谣"与先秦楚声结合，在宫廷发展的产物。相和歌主要在官宦巨贾宴饮、娱乐等场合演奏，也用于宫廷的元旦朝会、宴饮及祀神乃至民间活动等场合，有娱乐欣赏的性质。相和歌比鼓吹乐应用更为广泛，影响更大。

相和歌曲目绝大部分是在民间歌谣基础上加工整理或另填新词而来的，如《东武》、《太山》两曲就是齐地民歌经文人填词而成的，部分则来源于战国楚声的旧曲，如《流楚窈窕》。来自民间的相和歌的歌辞反映了劳动人民的苦难及纯真的感情。如描写官吏劫夺人民的《平陵东》；反映家人思念服役亲人的《饮马长城窟行》；描写病妇临终托孤和丈夫为饥儿乞讨求饮的《妇病行》；描写孤儿遭兄嫂虐待的《孤儿行》；以及

西汉竹木竽

描写罗敷不畏强暴的《陌上桑》，都是脍炙人口的作品。由文人创作的相和歌，歌辞内容就比较复杂，有描写统治者求仙问道的《善哉行》、《西门行》、《步出夏门行》和《董逃行》；有歌颂人民不畏强暴、怒斥权贵走狗的《羽林郎》；有颂扬官吏政迹的《雁门太守行》，均有一定的社会意义。

鼓吹乐的曲调和歌辞起初也来自民间，进入宫廷后，或将原辞换上新辞，或删除原辞成为器乐曲，但都保留了民间歌曲的纯朴内容和特征。如反映爱情忠贞的铙歌《上邪》；反映反战情绪的横吹曲《紫骝马》；反映战争残酷的铙歌《战城南》，都是劳动人民朴素感情的体现，有特别的感动力和社会意义。

鼓吹乐按用途不同，分为四类：一是黄门鼓吹，也叫"长箫"。由天子近侍掌握，在天子宴席、饮膳时用，也有专用于天子仪仗的；二是骑吹，用于仪仗，随行帝王、贵族等车驾，因用箫、笳、鼓、鞉等乐器在马上演奏而

得名；三是短箫铙歌，主要用于社、庙、"恺乐"、"郊祀"、"校猎"等盛大活动；四是横吹，用于随军演奏，朝廷常用来赏赐边将。

相和歌正式乐曲分为引、曲、大曲三类。

引就是引子，仅用笛与弦乐器演奏。曲即中小型乐曲，大多为声乐曲，可分为吟叹曲与诸调曲两类。大曲是大型乐曲，一般是歌舞曲，也有部分声乐曲与器乐合奏曲，它是相和歌中最重要、也是最能反映当时艺术水平的部分。大曲是将器乐、歌唱和舞蹈融合一起的形式，是前代宫廷乐舞的延伸，但它摒弃了古乐舞浓厚的宗教色彩，加入了厚重的世俗内容，反映了社会现实生活，加之音乐更为活泼，表现手法更为多样，又迥异于古乐舞。大曲的音乐结构由艳——曲（解）——趋——乱构成，同时又有平调、清调、瑟调和楚调、侧调等调式，可以表现复杂的节奏层次和调式色彩。

鼓吹乐的打击乐器以鼓最为重要，另外还有鞉等。吹奏乐器包括箫（排箫）、笛、笳、角。相和歌常用的乐器则有笙、笛、筑、筝、琴、瑟和琵琶。鼓吹乐和相和歌所使用的乐器，一部分是继承先秦已有的乐器加以发展，一部分是新出现的乐器，如笳、角、笛（竖吹）、筝、筑、琵琶、箜篌就是汉代新出现的乐器。汉代的琵琶是柄直盘圆的琵琶，与今日的琵琶不同。

在汉代民间俗乐发展起来的鼓吹乐和相和歌，反映了当时民歌发展以及汉族音乐与少数民族音乐融合交汇的情况，在战国至秦汉的音乐发展史上占有重要的地位，它取代了宫廷雅乐的主导地位，对后世音乐的发展具有深远的影响。两千多年来，鼓吹乐不仅为封建宫廷仪式音乐所采用，而且深入全国各地的民间音乐。现存的各种鼓吹、吹打、吹歌、管乐、锣鼓等，都由它繁衍发展而来。

卫宏传《诗序》

《诗序》为《诗经》的研究著作。关于此书作者，历来众说纷纭，后比较推重为卫宏所作。因为《后汉书·儒林列传》明言"（卫）宏从

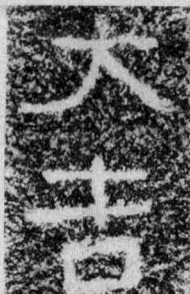

东汉大吉买山地记。为研究东汉时期社会经济形态、土地价值和社会习俗的重要资料，也是书法艺术中的珍品。

（谢）曼卿受学，因作《毛诗序》，善得风雅之旨，于今传于世。"卫宏为东汉初人，具体生卒年月及个人概况不详。

《诗序》中提出了"六义"、"正变"、"美刺"等说。"六义"之说承《周礼》的"六诗"而来，其中的"风"、"雅"、"颂"一般被认为是诗的类型，"赋"、"比"、"兴"被认为是诗的表现方法。"六义"的提出，把《诗经》的学习和研究推进了一步。

虽《诗序》对《诗经》305篇作了不少牵强附会的解释，致使许多诗篇的本义被掩没，但它毕竟是先秦至汉代儒家诗说的总结。

梁鸿作《五噫歌》

梁鸿，字伯鸾，东汉诗人，扶风平陵（今陕西咸阳市）人。东汉初曾受业太学，博览群书。学毕，于上林苑牧猪。后归平陵，娶孟氏为妻，有德无容，为她取名孟光，字德曜。后同入霸陵山中隐居，以耕织为业。汉章帝时，梁鸿因事过京都洛阳，见宫殿富丽豪华，因作《五噫歌》："陟彼北芒兮，噫！顾览帝京兮，噫！宫室崔嵬兮，噫！人之劬劳兮，噫！辽辽未央兮，噫！"诗五句，每句末用一"噫"字感叹，为楚歌变体。讽刺章帝的奢华，感叹人民无休止的劳苦，表现出对国家和人民深切关怀和忧伤。诗歌触怒了章帝，章帝下诏搜捕。梁鸿只好改姓运期，名耀，字候光，举家南逃至吴，作雇工为生。主家因见孟光进食"举案齐眉"，认为能使妻子对丈夫如此敬重定非凡俗之人，乃以礼待之。梁鸿于是闭门著书，隐居而终。梁鸿的诗富有现实性，反映东汉前期部分下层人士的不满情绪和反抗精神。

《古诗十九首》与所谓苏、李酬答诗完成

　　《古诗十九首》是梁代萧统《文选》"杂诗"类中十九首五言诗的总称。所谓苏、李酬答诗是指托名西汉苏武、李陵相互赠答的若干首五言古诗，今存10多首，其中李陵《与苏武三首》、《苏武诗四首》，最早也见于《文选》"杂诗"类，列于《古诗十九首》之后，这是相对完整的组诗，属苏、李所作的说法，已证明不成立，但习惯上仍以"苏李诗"来称呼它们。这些诗的作者已无从考究，但因其风味大致相同，又同时出现于东汉末年桓帝、灵帝时期，因而，它们的出现被视为五言诗成熟的一个标志，五言诗从此走上了文人化道路。

　　在魏末晋初，流传着一大批东汉末年文人五言诗，多为抒情诗，表现手法和艺术特色比较独特，被统称为"古诗"，不是一时一人所作，这种诗歌风格被许多文人效仿，成为后世五言诗的一种典范，也是有别于两汉乐府歌辞的独立诗体，受到诗人和文论家的重视。

　　这批诗歌作品产生于东汉后期安、顺、桓、灵帝年间（公元2世纪），前后不过数十年。这时，宦官外戚勾结擅权，官僚集团垄断仕路，上层士流结党标榜，下层士子为了谋求仕进，不得不奔走道路，四处交游。他们辞别父母亲人，背井离乡，其结果是一事无成，落得满腹牢骚和乡愁，因而，《古诗十九首》正是抒写了游子矢志无成和思妇离别相思，突出地表现了当时中下层知识分子的愤懑不平以至于玩世不恭、颓废享乐的思想情绪，在仕途上碰壁后产生的苦闷和厌世是游子诗中流露出的共同情绪，也是其主要思想内容。面对政治上失望以至绝望，他们的处世态度各不相同，或心灰意冷，厌世弃俗，或安贫达命，知足行乐，大都流露出各种消极心理，如达观、嬉笑、哀鸣、怨愤，甚至颓废放荡，绝无昂扬之气。至于思妇闺怨，游子乡愁，也集中于抒写个人的离别相思，渴望夫妻团聚，怨恨青春虚度，感情缠绵哀伤，蕴含了一定的时代社会政治内容，但总的倾向格调低沉，思想内容相对狭窄。

苏李诗的内容多为赠答留别，怀人思妇，感伤人生，情调十分凄怨，与《古诗十九首》在内容和思想感情方面的风格大致相同。

由于这些诗歌的作者多为中下层文人，有较高的文化素养，继承了《诗经》、《楚辞》及汉乐歌民歌的艺术传统，融汇了各种艺术技巧，它们构思精隽，富于形象的比兴手法的运用，情景交融又平白如话，形成了曲尽衷情而委婉动人的独特风格。其中游子诗多是感兴之作，富于哲理，意蕴深长，耐人寻味，思妇诗形象鲜明，感情含蓄。形式也比较完整，表现出较高的艺术成就。标志着文人五言诗的定型和成熟，成为后世诗歌创作的光辉典范，影响十分深远。

陶渊明作《归去来兮辞》

晋孝武帝太元十八年（393）至晋安帝义熙元年（405），即从他的29岁至41岁，是陶渊明的学仕时期。在13年时仕时隐的生活中，陶渊明创作了不少的宦旅诗和散文，反映出他对仕途的厌倦和对田园生活的向往，而《归去来兮辞》则是陶渊明最后与官场诀别的辞赋作品。陶渊明作《归去来兮辞》后，辞去彭泽令，从此走上归田的生活道路（其归田后的生活、创作见陶渊明作《桃花源诗》）。

陶渊明29岁时因"亲老家贫"，起家为江州祭酒，不久，因"不堪吏职"，自行解职回家，闲居家中五、六年。晋安帝隆安四年（400），陶渊明到荆州任刺史桓玄属吏，翌年，因母丧辞职归家。桓玄兵败，刘裕入建康任镇军将军，陶渊明离家东下，在其幕下任镇军参军。义熙元年（405），陶渊明转任建威将军江州刺史刘敬宣的参军，八月，出任彭泽令，任官80多天，十一月，辞官归家，结束了13年时仕时隐的生活。

在陶渊明的学仕时期，创作的主要有宦旅诗及一些辞赋、散文如《庚子岁五月中从都还阻风于规林二首》、《辛丑岁七年赴假还江陵夜行涂口》、《癸卯岁始春怀古田舍二首》，抒发其宦海奔波中对家园的思念；《闲情赋》、《归去来兮辞》则是著名的辞赋作品，《闲情赋》以男女之情寄托自己执着的追求；

《归去来兮图》。"入世"与"出世"是中国知识分子思想中互补的两极。陶渊明《归去来兮辞》，正是"出世"这一极的最好反映。

《归去来兮·临清流而赋诗》

《晋故征西大将军长史孟府君传》则是散文佳作。

　　《归去来兮辞》首段描述了辞官归田的原因及想象归途及到家的情景。"归去来兮，田园将芜胡不归！既自以心为形役，奚惆怅而独悲？"又"云天心以出岫，鸟倦飞而知还"，道出了作者对追求利禄和沽名钓誉的厌恶，以及对田园生活的魂牵梦萦。"舟遥遥以轻扬，风飘飘而吹衣，问征夫以前路，恨晨光之熹微。乃瞻衡宇，载欣载奔"，轻松愉快的心情跃然纸上。接着，作者描绘了怡然自得的归田生活。"悦亲戚之情话，乐琴书以消忧"，"善万物之得时，感吾生之行休"，亲情浸濡之下，疲惫的身心也得到休息。最后，作者抒发了归田后畅快的心情。"富贵非吾愿，帝乡不可期"、"聊乘化以归尽，乐夫天命复奚疑"，希望安贫乐道地过自然的生活，直至生命的终结。陶渊明的《归去来兮辞》以生动自然的笔触，描绘出想象中的田园生活的美好，表现了自己不屈服于权贵，不与庸俗之流为伍，"不为五斗米折腰"的耿介品格，行文情真意切，亲近自然，具有极深的艺术感染力，历来受人推崇。欧阳修曾说："晋无文章，惟陶渊明《归去来兮辞》一篇而已！"可见其地位之高、影响之大。

陶渊明在《归去来兮辞》中描绘的"不为五斗米折腰"，辞官归田，陶醉于田园生活的断然决择，更影响了以后许多文人的生活取向，不少人在政治抱负得不到舒展的时候，都转而投入自然的怀抱，寄情山水，自得其乐。

高丽音乐传入中国

魏晋南北朝时期，高丽（即今朝鲜半岛）分为三个国家：高句丽、百济、新罗。这三个国家同中国的南北政权都保持着经常性的来往，因而经济文化交流不断，高丽音乐就是这个时候传入中国的。

高丽音乐主要指高句丽乐和百济乐，它们分别从高句丽（今朝鲜北部及中国辽宁、吉林一带）、百济（今朝鲜西南部）传入当时的北燕，并很快盛行开来。北魏太武帝太延二年（436），北魏灭燕，得到了二国的音乐。后来北周武帝灭北齐，使二国音乐继续源源不断输入中国，并渐趋完备。高丽乐中《箜篌引》一曲传入后，由中国文人按调作辞，曾成为风靡一时的名曲。

高丽乐中乐器有弹筝、卧箜篌、竖箜篌、琵琶、五弦、笛、笙、箫、小筚篥、桃皮筚篥、腰鼓、齐鼓、担鼓、贝等14种，为一部。这些大都在中国流传下来。新罗的咖倻琴也在这时传入中国。

高句丽歌舞壁画。画面反映了高句丽民族的能歌善舞。画风朴拙，是高句丽壁画的佳作。

西凉乐流行于北方

从十六国起，北方开始盛行《西凉乐》。《西凉乐》起自前秦之末的凉州，当时称为《秦汉伎》。北魏太武帝太延五年（439），太武帝拓跋焘平定凉州，将那里的乐舞艺人及乐器、服装、舞饰等掠回京师平城，由此得到当地所传的《秦汉伎》，并改称《西凉乐》。在北魏、北周之际，《西凉乐》又称《国伎》，曾被用于宾嘉大礼。北齐制定宫廷雅乐时，也将《西凉乐》做为"洛阳旧乐"予以吸收运用。这种由"凉人所传中国旧乐而杂以羌胡之声"（《旧唐书·音乐志》）的《西凉乐》，实际上成了西域各族乐舞（以龟兹乐为主）与中原汉民族乐舞（也包括某些《清商乐》的成分）融汇贯通后的新型乐舞。《西凉乐》不仅于南北朝时流行于北方，而且一直盛行至隋唐。

妇女发式日趋丰富

发式的变化，因时而异，反映着不同时代审美观的变化。魏晋以后，妇女的发式日趋丰富，而且逐渐向高大方向发展。据史籍记载，魏晋妇女发髻式样竟达十几种，比较著名的就有灵蛇髻，分髾髻，反绾髻，缬子髻，飞天髻等。

据《采兰杂志》记载，魏文帝皇后甄氏创造出灵蛇髻发式，运用拧麻花的图装饰形式，富有变化多端的动态美，似游蛇蟠曲扭转，以灵蛇命名。这种发式深受当时妇女的青睐。反绾髻、分髾髻的共同特点是将头发向后梳理，前者是将后梳的头发用一丝带束住；后者类似于汉代的倭堕髻，是将后梳的头发分成若干股，再用丝带束结垂于后面。这两种发式都是魏武帝时期宫中贵族妇女喜爱的发饰。飞天髻的式样在河南邓县南北朝墓出土的飞天壁画及"贵妇出游"

东晋顾恺之《女史箴图卷》唐摹本。图中妇女发式极有特色。

画像砖上就可以看到，是在灵蛇髻基础上演变而成的，这种发式是将发集于头顶，分成数股，然后弯成圆环，直耸于上，颇有气势。这种高髻不但夸张了发饰美，而且夸张了人体的比例。加上花钿、簪、钗、镊子等金、银、珠玉饰件，再插上纤步则摇的步摇与馨香的花朵，便更加锦上添花，显得婀娜多姿了。

因发式时尚高、大，自然发较难达到这种要求，人们就借助于假发。《晋中兴书》说："太元中，妇女缓鬓假髻，以为盛饰"。这种假发并不常戴，平时装在木笼里，亦名"假头"。贫家不能自号"无头"，急用时就向人"借头"。西安草厂坡出土的北魏俑就是戴的假髻。

魏晋时北朝笃信佛教，传说佛发作螺形，因此社会上流行"螺髻"；另外，一些妇女从鎏金的佛像上受到启发，也将自己的额头涂染成黄色，这种额黄妆很有特色，北周庾信诗中有"眉心浓黛直点，额色轻黄细安"就是指这种妆。也有用黄色纸片或其他薄片剪成花样粘贴于额，则称花黄，如古乐府《木兰诗》云："当窗理云鬓，对镜贴花黄"，贴花黄是北朝妇女梳"螺髻"之外的时髦装饰。

魏晋南北朝妇女发式虽多种多样，但都基本属同一种风格：高、大，"危邪之状如飞鸟"，和当时重形式、尚夸饰、不受礼俗所拘、放荡不羁的时代风气是相适应的。其时一些名士表示不受世俗礼教约束，多梳传统中孩童的"双丫髻"。

谢灵运推动山水诗发展

宋元嘉十年（433），谢灵运在广州被杀，终年49岁。

谢灵运（385～433），小字客儿，陈郡阳夏（今河南太康）人，东晋名将谢玄之孙，晋时袭封康乐公，世称谢康乐。谢灵运仕刘宋时为永嘉太守，历任秘书监、侍中、临川内史。他自小好学，博通经史，且胸怀大志。武帝刘裕在位时，灵运与皇子刘义真交往甚密，深得义真赏识，义真扬言，若自己得志，必以谢灵运为相。所以义真被杀、文帝义隆即位后，谢灵运自然得不到重用。但他自恃门第高贵，才气过人，对自己未能参预朝政一直愤愤不平，经常称病不上朝，有时出门游山玩水，十几天不归。文帝爱惜他的才能，

北魏山水画像两幅。"魏晋以降，画山水或水不容泛，或人大于山。"（张彦远语）。

不想深究，索性赐灵运长假，让他回家。其后担任临川内史时，因事得罪执政彭城王刘义康，以谋反罪发配广州，不久被下令就地正法。

谢灵运诗大都描写山水名胜，善于刻画自然景物，为山水诗派的创始人。能赋，以《山居赋》较有名。与鲍照、颜延之并称为"元嘉三大家"。明人辑有《谢康乐集》。

山水诗的兴盛与玄言诗有因果关系。魏晋以来，士大夫清谈玄学、隐居山水，诗歌中山水描写随之增加，并表现出清逸超俗的意趣，如嵇康的《赠秀才入军》、左思的《招隐》等诗。晋政权南渡以后，士族名士修建园林别墅、游赏江南风景，有更多的机会接近自然山水。如玄言诗人许询、孙绰都好游山水，王羲之有兰亭之游。这时流行的玄言诗，以玄学的意趣来观照山水，又借山水来寄寓玄理，诗中往往出现若干写山水的佳句。一些纪游、登览诗逐渐接近山水诗。刘宋初期，谢灵运大量创作山水诗，并丰富了描写山水的技巧，使山水描写由附庸玄言诗到蔚为大观演变成山水诗，开拓了中国诗歌史上一个新的题材领域。

谢灵运的山水诗鲜丽清新。鲍照说："谢五言如初发芙蓉，自然可爱。"这一特点主要表现在对山水形象捕捉的准确。"春晚绿野秀"（《入彭蠡湖口》），"青翠杳深沉"（《晚出西射堂》），同样是绿色，却是两幅完全不同的画面，前者是暮春，后者为深秋，意象的选择是非常妥帖的。代表作《登池上楼》描述诗人病愈后突然见到窗外景物："池塘生春草，园柳变鸣禽。"这一联如脱口而出，清新可爱。由于写作的对象是过去的文学作品中少有的，因此，没有多少可资借鉴的技巧，要成功地把奇山异水反映在诗篇里，作家必须自铸新辞，精心刻镂。谢灵运的山水诗之所以超越前人，成一代宗师，关键之处还在于他在山水诗领域的刻意追求，为了准确地捕捉形象，诗人确乎是"经营惨淡，钩深索隐"（沈德潜《古诗源》），调动了多方面的艺术技巧。如他的名句"白云抱幽石，绿筱媚清涟"（《过始宁墅》），利用色彩的深浅、明暗对比显示了自然景物的层次感、丰富性。"鸟鸣识夜栖，木落知风发"（《石门岩上宿》），以有声衬无声，由动而见静，传神地写出了山中夜景的特点。

谢灵运诗中时时可见佳句，但构成神完气足的整篇山水诗却是他始终都没能达到的。由于致力于追新求奇，一些诗作也流于艰涩险怪。同时，谢灵

运的诗作中仍残留着玄言诗的痕迹。谢灵运的山水诗多采用这种结构，即先叙述游历之事，再写寓目所见的景物，最后借山水证悟玄理。因为玄理部分不能和描摩的景物相融合，也容易形成有句无篇的特点。

总体而言，谢灵运的山水诗已经矫正了理过其辞、淡乎寡味的玄言诗风，确立了山水诗在诗坛的优势地位。

沈约改革诗歌形式新体诗出现

沈约（441～513），字休文，吴兴武康（今浙江吴兴）人，南朝著名文学家。历仕宋、齐、梁三朝，是竟陵王门下"竟陵八友"之一。沈约是梁朝公认的文坛领袖，他不仅是有成就的诗文作家，首创了讲求声律的"永明体"，而且是学识渊博的学者，所著的《宋书》是流传至今的"二十四史"之一。

沈约改革诗歌形式主要是在格律方面。齐武帝永明（483～493）年间，周颙等人发现了汉字有平、上、去、入四声。沈约在同时代人周颙的发现之上，根据四声和双声叠韵研究了声、韵、调在诗句中的配合，归纳出"四声八病"的新的诗歌声律论。"四声说"是要求在诗中间隔运用高低轻重不同的字音以求得音节的错综谐和，原则是"欲使宫羽相变，低昂互节，若前有浮声，则后须切响；一简之内，音韵尽殊，两句之中，轻重悉异"。力求使五言诗歌"五言之中，音韵悉异。两句之内，角徵不同"。沈约还归纳了八种声韵相犯的毛病：平头、上尾、蜂腰、鹤膝、大韵、小韵、旁纽、正纽共"八病"。

沈约所归纳的诗歌声律与晋宋以后诗歌讲求对偶的形式相配合，就形成了具有格律的新体诗，称作"永明体"。新体诗是古典诗歌从比较自由的"古体"逐渐走向格律严整的"近体"的一个重要过渡阶段。

沈约还身体力行推动诗歌形式的改革。他的诗作除郊庙乐章外，存140余篇，多属拟古的乐府和侍宴应制之作，内容较为贫乏，但都平稳工整。他的作品中最突出的是为数不多的吟咏山水景物和离别哀伤的诗。《早发定山》、《新安江至清浅深见底贻京邑游好》、《石塘濑听猿》、《宿东园》是山水诗中的优秀作品;《别范安成》写离别之情,令人耳目一新;《怀旧诗》感情深沉真挚,堪比杜甫;《八咏诗》体裁新颖,介于诗赋间,情韵兼备,时号绝唱。这些诗不但诗意清新隽永,而且形式上极力讲究音律的协调谐和。他的《咏芙蓉》:"微风摇紫叶,轻露拂朱房。中池所以绿,待我泛红光。"音调全协。他的写景诗《早发定山》:"标峰彩虹外,置岭白云间。倾壁忽斜竖,绝顶复孤圆。归海流漫漫,出浦水浅浅。野棠开未落,山樱发欲燃。"不但声律协调,而且配合了工整的偶句,显示出讲求声律与对偶配合的新体诗的特征。

沈约对诗歌格律的倡导,促进了新体诗的发展和成熟,为后来讲究格律的"宫体诗"的出现,以及唐宋时格律严整的近体诗的成熟和鼎盛,打下了基础,开创了律诗发展的新时代。

沈约著述甚多,有诏诰、赋、论、碑、铭等,共100卷。

谢朓发展山水诗

东昏侯永元元年(499),始安王萧遥光谋夺帝位,山水诗人谢朓蒙受诬陷,下狱而死。

谢朓(464~499)字玄晖,陈郡阳夏(今河南太康)人,是南朝齐著名诗人,他既是南朝永明体诗人中成就最高者,又使山水诗摆脱玄学影响,极大地推动了山水诗发展。谢朓出身显贵,少年好学,为南齐藩王所重,仕途顺畅,曾任太尉豫章王萧嶷行参军、王俭卫军东阁祭酒、荆州刺史、尚书殿中郎、宣城太守、尚书吏部郎等职。

谢朓很早就以文学驰名,曾参与竟陵王萧子良西邸的文学活动,是"竟陵八友"之中文学成就最高的一位,但这一时期他创作的诗歌题材较狭窄,除游宴应酬外,只有一些咏物诗略有寄托,或有一些模拟汉魏民歌的作品,具有一定生活气息。赴荆州后,他的诗歌创作有了新的开拓,特别是经历一些政治风波,出任宣城太守后他的创作取得了新成就,创作了大量山水诗。

北魏石棺线刻孝子图（局部），山水木石夸张变形，富于装饰趣味。

　　发展山水诗是谢朓创作的主要成就，晋宋以来，山水文学产生，但受玄言诗影响较大，谢朓的同族、著名诗人谢灵运的山水诗就带有较多玄理，二人世称"二谢"，谢灵运为大谢，谢朓为小谢。谢朓学习谢灵运细致逼真的手法，又摆脱了玄言诗的深奥繁芜，又将永明声律自然糅合，显示出清丽细密的风格，推动了山水诗的发展。他的写景名句很多，如"江路西南永，归流东北鹜。天际识归舟，云中辨江树。"（《之宣城郡出新浦向板桥》）；"余霞散成绮，澄江静如练。喧鸟覆春洲，杂英满芳甸。"（《晚登三山还望京邑》）；"远树暖阡阡，生烟纷漠漠。鱼戏新荷动，鸟散余花路"（《游东田》）等，大多语言清新洗练，景物淡雅疏远。甚至有些应制诗，谢朓也以山水诗形式来创作，既描绘出美丽的画图，又借此歌功颂德，以山川景物来表现各种情感意趣，达到情景交融的境界，这是谢朓山水诗的重要特点。

　　谢朓十分注重诗歌声律。南朝永明体盛行，永明体是指在周颙、沈约等人发现的诗歌声韵规范下形成的具有严格格律的新体诗，谢朓是成就最大的永明诗人。他讲究平仄，合理运用声律，因此他的诗音调和谐，读来琅琅上口。他还善于熔裁，时有警句，这些句子流畅工整，体现了新体诗特点。

　　谢朓在当时就享有盛名，为文人所推崇。他关于声律对仗和写景状物的技巧，对唐代诗坛有深远影响，杜甫认为"谢每诗篇堪诵"（《寄岑嘉州》），李白更是常提到他"解道澄江静如练，令人长忆谢玄晖"（《金陵城西楼月下吟》），"三山怀谢"（《三山望金陵寄殷淑》），"蓬莱文章建安骨，中间小谢又清发"（《宣州谢朓楼饯别校书叔云》），可见对谢朓的欣赏。

文学家任昉去世

梁天监七年（508），仕宋、齐、梁王朝，以文章闻名之任昉逝世。任昉（460～508）字彦升，乐安博昌人。幼即好学，成名颇早。16岁出仕，为宋丹阳郡主簿。后举兖州秀才。仕齐官至中书侍郎、司徒右长史。仕梁官至吏部郎中、御史中丞、新安太守。任昉博学多才。齐时，主持校雠秘阁四部书，并详定篇目，得以遍览古今典籍。家中藏书亦逾万卷。以此为资，撰《杂传》147卷，《地记》252卷，《述异记》2卷，《文章始》1卷。但最负盛名的还是他的文章。任昉擅长骈文。文笔才思，王俭认为当世无人可比。早年入选"西邸八友"，与沈约齐名，人称"任笔沈诗"。王公表奏，包括梁武帝祀让文诰，均请任昉代笔。

宫体诗形成

南朝梁代，梁简文帝萧纲、梁元帝萧绎承继梁武帝萧衍以及宫廷诗人吴均、何逊、刘孝绰开始的辞藻艳发、格调轻靡的诗风，在宫廷诗人庾肩吾、庾信、徐摛、徐陵的附和下，形成轻浮绮丽的诗歌流派，时号"宫体"。宫体诗主要流行于梁后期和陈代，它对完善新体诗的格律形式作出了贡献。

"宫体"之名，始见于《梁书·简文帝本记》。梁简文帝萧纲（503～551）"雅好题诗。其序云，余七岁有诗癖，长而不倦。然伤于轻艳，当时号宫体。"

萧纲是宫体诗主要提倡者。在萧纲、萧绎的倡导下，加上宫庭诗人庾肩吾、庾信父子，徐摛、徐陵父子以及稍后的陈后主陈叔宝、江总等人附和下，形成流行一时的诗歌流派。

宫体诗的内容较多描写男女艳情和妇女生活。其中有的模拟南朝乐府民歌，有的则从感官娱悦的角度描写宫庭女性的声色姿态。如萧纲几首咏美人观画、晨妆的诗，因有违儒家诗教温柔敦厚的传统，多被后人批评。此外宫体诗还有许多咏物写景诗，刻画精细，有独到之处。如萧纲《折杨柳》的"叶密飞鸟碍，风轻花落迟"。总的来说，宫体诗的情调流于轻艳，诗风比较柔弱。但萧纲、萧绎也有不少清丽可读之作，至于庾肩吾、徐陵等，更有一些优秀篇章。

宫体诗的诗歌形式，在继"永明体"之后，更加严格讲究声律、对仗和词藻。而且又吸收了南朝乐府民歌的特点，篇幅较小，以四句、八句、十句为主。如徐陵的《折杨柳》："袅袅河堤树，依依魏主营。江陵有旧曲，洛下作新声。妾对长杨花，君登高柳城。春还应共见，荡子太无情。"篇幅短小，而且对仗、平仄、粘对等已暗合唐代五律。

宫体诗的形式，对诗歌的发展有重要影响。它柔靡缓弱的诗风影响了隋及唐诗歌的风格；它比永明体更加格律化的形式，对后来律诗的形成，又有重要的推动作用；而且它用典多、辞藻秾丽的特点，对后世诗歌创作也有借鉴的作用。

李善注《文选》

李善（630~689），扬州江都（今江苏扬州）人，唐朝著名的训诂学家，唐高宗显庆年间补太子内率府录事参军、崇贤馆直学士兼沛王侍读。李善博学多才，但不善文辞，时人将他称为"书簏"。显庆间，他从事《昭明文选》的注释工作，旁征博引，搜集资料多且广，很多已佚古书的片言只字都赖以保存。

李善的《文选注》是唐代注释书中的代表作。这部《文选注》共60卷，经多次易稿方才完成，是研究梁昭明太子肖统编选的文学总集《文选》的文选学的集大成著作。书中解释字句精善，为后代训诂学家所推崇。其最大特点就是一反汉代传注只注不证的体式，大量引证典籍来证明词文。书中引用的古籍达 1689 种；这种受二度注释中词义考据影响的边注边证的方法使注释的体式有了很大发展。

李善的《文选注》非常重视典故的原始出处。由于齐梁以后文人在诗中大量用典成为一种风尚，《文选》中所选诗文篇都有典故。这些典故分为语典和事典两种类型：语典来自前人诗文中的成句或习惯用语、俗语；事典来自古代的神话传说和历史故事。如果不知道典故的来源就很难明白典故的确切含义。《文选注》在考证典故的出处方面取得了很大的成就。如书中引用《淮南子》中塞翁失马的故事来注明班固的《幽通赋》中的"北叟"是故事中辩证地思考问题的北方边塞上的老人；引用《鹖冠子》来解释"倚伏"一词的来历等，使读者能更好地理解文章的确切含义。

《文选注》最大的成就在于它对注释体式的创新和发展。它在所征引的1600 多种古代文献中所保存下来的大量宝贵的材料，对后代的训诂、校勘和辑佚等工作都有重要的价值。《文选注》对我国语言学、训诂学和校勘学都产生了重大的影响。

变文演唱成熟

唐代，在歌唱艺术蓬勃发展、散韵相间的文学体裁相沿已久的条件下，有说有唱的说唱艺术逐步成熟，这是中华音乐文明历史中甚为独特的一个品种。

从文献记载来看，最早显示说唱艺术业已成熟的，是敦煌卷子中的唐代变文。所谓变文，大约产生于初唐，"变"字的意思是佛经故事的蕃衍变化。僧人以通俗方式向听众讲解佛教经义，称为俗讲。俗讲僧有时用绘画和说唱为手段来表现佛经故事，这种图画就称为变相，说唱的底本就称为变文。变

相和变文有时也简称变。变文大多是散文、韵文相间，散文部分用来讲说，韵文部分用来歌唱。变文的内容题材除来自佛经的以外，也有一部分是历史传说和民间故事。宗教内容的变文又如《维摩诘经变文》、《降魔变文》等；历史传说内容的变文又如《伍子胥变文》、《张义潮变文》；民间故事内容的变文又如《孟姜女变文》、《董永变文》等。

变文说唱的情况在唐代诗文中有所记述。赵璘在《因话录》卷4角部里记载这样一件事："有文溆僧者，公为聚众谈说，假托经喻，所言无非淫秽鄙亵之事。不逞之徒，转相鼓扇扶树；愚夫冶妇，乐闻其说，听者填咽寺舍，瞻礼崇拜，呼为和尚。教坊效其声调，以为歌曲。"文溆，或记为文叙、文淑，是个有名的俗讲僧，他所演唱的具体内容，我们已无从得知。至于赵璘所记"教坊效其声调"，则确有旁证。据《乐府杂录》记载，"长庆中，俗讲僧文叙善吟经，其声宛畅，感动里人。"乐工黄米饭曾采其声调，编成歌曲，名《文叙子》。

变文演唱，可能会受到一些外来影响，但是由于要争取广大听众乐于接受，自然要借助于民间曲调。这从《宋高僧传》卷25对唐代僧人少康的记述可以得到证实："康所述偈赞，皆附会郑卫之声，变体而作。非哀非乐，不怨不怒，得处中曲韵。譬犹善医，以饧蜜涂逆口之药，诱婴儿入口耳。"《宋高僧传》的作者赞宁，是五代到北宋初年的人，其所述很可能已是唐代相当普遍的作法。

变文在唐五代后蕃衍不衰，宋时说唱音乐在市民音乐中占重要地位，延至明清，而内容则仍有宗教和世俗两部分。

刘长卿诗作反映安史之乱的恶果

刘长卿（？～786至791）是中唐的重要诗人，字文房，宣城（今属安徽）人。他仕途不畅，曾两次由于"刚而犯上"被贬，官止随州刺史，人称"刘随州"。

刘长卿的创作不同于同时代以钱起为代表的大历才子。他一生坎坷多艰，又适逢安史之乱，经历唐朝统治由盛转衰的过程，看到政治日趋腐败、社会矛盾日益尖锐、藩镇势力相继崛起的现实状况，亲身经历家破人亡、颠沛流离之苦。因此，他把身世之感和对现实的不满结合起来，创作出一批具有现实意义的作品。

他在《穆陵关北逢人归渔阳》中写道："城池百战后，耆旧几家残。处处蓬蒿遍，归人掩泪看。"真实描写了兵乱之后的残败景象，表达了忧国忧民的真切感受。《送河南元判官赴河南勾当者税充百官俸禄》、《疲兵篇》、《新息道中作》等笔调苍凉沉郁，具有时代特征。

刘长卿还常借诗歌吊古伤怀，倾吐被压抑的有识之士的共同心声，如《长沙过贾谊宅》："汉文有道恩犹薄，湘水无情吊岂知？寂寂江山摇落处，怜君何事到天涯。"论古伤今，将暗讽的笔墨曲折指向当朝皇帝，被认为是唐代七律精品。

刘长卿多写五言诗，曾自言为"五言长城"，其五言近体为人称道，七言佳作也不少。但由于他的大部分诗作内容单薄、境界狭小、风格雷同，限制了他在诗歌创作上取得更大成就。

陆羽著《茶经》

陆羽，字鸿渐，又一名疾，字季疵，自称桑苎翁，又号竟陵子、东冈子、东园先生，晚年更号广宵翁，复州竟陵（今湖北天门）人，生于开元二十一年（733），死于唐德宗贞元年间（785～805）。唐代，我国的饮茶的风尚遍及全国，茶叶成为主要商品之一，陆羽年青时期遍历长江中、下游和淮河

唐鎏金银茶具一套。为唐皇室御用真品，不仅系列配套、质地精良，而且真实地反映了唐宫廷茶道繁荣奢华的特点，是我国茶文化考古史上最齐全、品味最高的一次发现。

流域各地，考察收集大量有关茶叶生产和其它茶事的资料，在此基础上形成有关《茶经》的最初雏形。

《茶经》系统地总结了唐代以前我国种茶、制茶和饮茶的经验以及他本人的体会，全书分上、中、下3卷，计10篇，7000余字，10篇分别为"一之源"，论述茶的起源；"二之具"记述采、制茶的用具；"三之造"是说茶叶种类和采制方法的；"四之器"介绍茶之饮、饮茶的器皿以及我国瓷窑产品的劣势；"五之煮"，陈述煮茶方法和水质的品位；"六之饮"记载饮茶风俗和品茶、饮茶之法；"七之事"汇集历史上有关茶的典故、传说以及药效；"八之出"列举了当时我国名茶产地及所产茶叶的优劣；"九之略"，指出在特殊条件下某些器皿可以省略；"十之图"要求将《茶经》书于绢帛张挂之。其中有关茶的生产和特性，以及采茶所用的器物等内容都应属于农学范围，如论述茶树与土壤的关系时指出："上者生烂石，中者生砾壤，下者生黄壤"，采茶的时间以春茶为上，"凡采茶，在二、三、四月之间"，这些都很符合客观规律，当时茶叶的著名产地大多分布在长江流域及其以南地区，从《茶经》我们可以看出唐代南方已有很高的茶树种植生产水平。

《茶经》是世界上第一部关于茶的专著。《茶经》的出现，不仅在我国，在世界茶学发展史上也具有划时代的意义。

李公佑创作传奇

唐代小说家李公佑，贞元元和年间人，籍贯陇西（今甘肃东南）。宪宗元和年间为江南西道观察使判官，后罢职。他创作的传奇今存《南柯太守传》、《谢小娥传》、《庐江冯媪传》、《古岳渎经》4篇。

《南柯太守传》约作于德宗贞元末，故事写游侠之士淳于生梦入槐安国，被招为驸马，出任南柯郡太守。醒来时，发现"槐安国"原来是槐树下的一个蚂蚁窝。小说意在讽刺窃据高位者不可恃之傲物凌人，同时也宣扬了浮生若梦的思想。其构思与沈既济的《枕中记》相似，但文辞尤为华丽，描写尤

为细致。融合了寓言与志怪的表现手法，具有讽刺文学的某些特色。《南柯太守传》流传甚广，成语"南柯一梦"就是出自此典故。

《谢小娥传》约作于宪宗元和末。谢小娥是豫章（今江西南昌）少妇，她梦见被害的父亲和丈夫用隐语告以凶手姓名，醒后广求智者解梦。后在上元县遇李公佑解梦，知凶手二人姓名，于是改扮男装，伺机杀死凶手，复仇后出家为尼。传中谢小娥性格鲜明，当时广为流传。

《庐江冯媪传》、《古岳渎经》都作于元和中。其中《古岳渎经》写楚州刺史李汤在龟山水中见一怪物，后来得知怪物就是禹治水时降伏的淮涡水神无支祁。这个神话创造了一个"神变奋迅"的神猿形象，它和古典文学名著《西游记》中孙悟空的形象有很大关系。

魏谟谏止文宗观《起居注》

开成四年（839）十月，唐文宗李昂想看起居注，魏谟力谏不可，文宗听从。

贞观初年，朝廷设起居郎记录起居之事，史官随后将凡朝中之事一一记录。后来这一制度有所变动，记录日益简略。大和九年（835），文宗诏起居郎和起居舍人，命他们恢复贞观旧制，详细记录朝中事务。

开成四年十月七日，文宗向起居舍人魏谟取起居注观看，魏谟认为不可行，奏称起居注凡事必记，有善有恶，是为儆戒人君，而文宗惟行善政，不必观看。文宗称以前曾取来看过，魏谟认为这是史官的罪过，如果陛下要亲自看史，那么史官必然有所回避，不敢忠于职守，其记载之史必定不能取信于后世。文宗听从魏谟之言，不再观看起居注。

王彦威进《供军图》

唐开成二年（837），户部侍郎、判度支王彦威进呈《供军图》。

《供军图》的序中写道，自安史之乱到贞元、元和之际，朝廷所设观察使有 10 个，节度使 29 个，防御使 4 个，经略史 3 个，约计中外兵额 80 余万人。长庆户口共 335 万户，兵额约 99 万人，大略 3 户供给 1 兵。而开成时全国租赋每年不过 3500 万贯，为上供之数三分之一。三分之中，二分支付兵士衣粮。除诸道留州留使兵士衣粮外，由朝廷直接供给的有 40 万人。

《供军图》详细统计了唐代各时期的军备支出状况，是研究唐代经济和军事的重要历史文献。

孙过庭写《书谱》

唐垂拱三年（687），孙过庭撰成《书谱》。

孙过庭（646 ~ 691），字虔礼，陈留（今河南省开封市，自署为吴郡，故或作浙江富阳）人。曾官卫胄参军、率府录事参军。博学文雅，擅长文辞。陈子昂所作墓志铭谓其才华并茂，胸有大志。但其生平不甚得志。孙过庭工楷、行、草 3 种书体，尤以草书见长。宋米芾认为其草书深得王羲之、王献之的真传。笔势劲坚，摹写得惟妙惟肖，几能乱真，对后世影响甚大。但亦存在着落笔过于急速、千纸一类、一字万同、拙于变化的不足之处。传有《千字文》为其所作。

《书谱》是一部书、文并茂的书法理论著作。其墨迹可为孙过庭书法之代表作。《书谱序》又名《运笔论》，从宋人题鉴可知，它只是一篇序文。

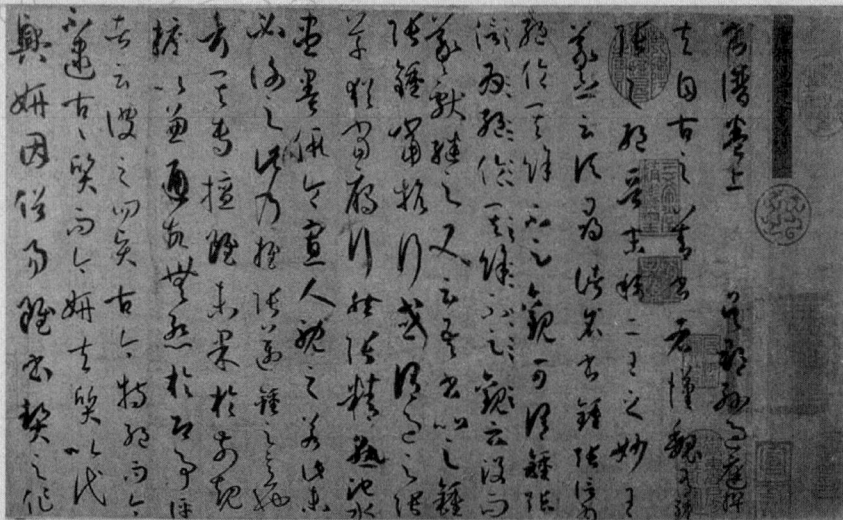

孙过庭《书谱》。《书谱》是唐代著名书法理论著作，非但议论精辟，而且通篇以草书书写，笔法流动，二王以后自成大宗。

内容分为溯源流、辨书体、评名迹、述笔法、诫学者和伤知音 6 个部分。阐述正、草二体书法，文思缜密，言简意赅，见解精辟。书中很多论点，如学书三阶段说、创作中的五乖五合说等，迄今为学书者所乐道。

孙过庭著《书谱》，在中国古代书法理论史上占有重要地位。如书中的学书法三阶段、创作中的五乖五合等，直到现在仍被学者所推崇。

李思训画山水

李思训（651~718）字建，是唐朝宗室，擅长山水画。历武后、中宗，至玄宗李隆基时，官至左武卫大将军之职，所以也称大李将军。《唐书·李叔良传》记述："思训尤善丹青，迄今绘事者推李将军山水。"《历代名画记》也称他"早以艺称于当时，一家五人，并善丹青。世咸重之，书画称一时之妙"。"思训子昭道，……变父之势，妙又过之。官至太子中舍。创海图之妙。世上言山水者，称大李将军、小李将军。昭道虽不至将军，俗因其父呼之。"李思训、李昭道父子继承展子虔、郑法士"细密精致而臻丽"的风格，使青绿山水趋于成熟。他们已能比较真实地描绘山川景色，并能通过致密的刻画，构拟动人的意境。唐代诗人牟融在《题李思训山水》诗中记述思训所画山水景色说："卜筑藏修地自偏，尊前诗酒集群贤。丰岩松暝时藏鹤，一枕秋声夜听泉。风月漫劳酬逸兴，渔樵随度流年。南州人物依然在，山水幽居胜辋川。"使诗人触景生情的是画中所呈现的景物。松林、清泉、渔樵、幽居所构成的平远山川，表达了当时士大

传李思训作《江帆楼阁图》

夫所追求的意趣。

台北故宫博物院收藏的《江帆楼阁图》，传为李思训所作，图中江流空阔浩渺，风帆飘举。画以细笔描绘山石外廓，长线勾勒峰恋结构，略作皴斫，布以青绿重色。与展子虔《游春图》相比，另有一种雄浑森远的气势。传为李昭道的《明皇幸蜀图》（台北故宫博物院藏），画面奇峰突兀，白云缭绕，山石勾勒无皴，青绿设色。虽为宋人传摹，与李氏画风相近。

中原西域乐器结合

隋唐时期，来自西域的重要乐器筚篥和曲项琵琶，逐渐和中原传统乐器融合，在乐队乐器的管、弦两大类中分别占有突出地位，对后世的宫廷音乐和民间音乐都有重大影响。

这些乐器可以作为独奏、重奏和合奏的乐器，也可用于伴奏。今日通行的管子和琵琶（直项），即分别是筚篥和曲项琵琶的后裔。但目前在福建泉州和陕北榆林等地尚可见到曲项琵琶的遗制。

隋唐五代时期，尚未见使用拉弦乐器的记载。宋代陈旸《乐书》中载有奚琴，置隋唐乐器之间叙述，又说它"本胡乐也"、"至今民间用焉"，似指它是前代以来的乐器，但目前尚缺乏其它史料来证实。唐代诗作等文献中时而可见"胡琴"一词的应用，系泛指胡人乐器曲项琵琶、五弦等，而和自宋代以后出现的拉弦乐器"胡琴"有别。

隋唐五代时期的乐队组织多种多样，不拘一格。隋九部乐、唐十部乐中最重要的乐部清乐、西凉乐和龟兹乐（在西域诸乐部中有代表性）所用的主要乐器具有以下特点：中原传统乐器篪埙、琴、瑟、筑、秦琵琶等，仍保留在清乐中使用，而未被西凉乐、龟兹乐采用。中原传统乐器被西凉乐采用的，有卧箜篌、编钟、编磬。龟兹乐中的重要乐器筚篥类、竖箜篌、五弦琵琶。被西凉乐采用，其它还有贝、铜钹、腰鼓、齐鼓、檐鼓。清乐、西凉乐、龟兹乐共同使用的乐器，除来自西域的曲项琵琶外，中原传统乐器有笙、箫（排

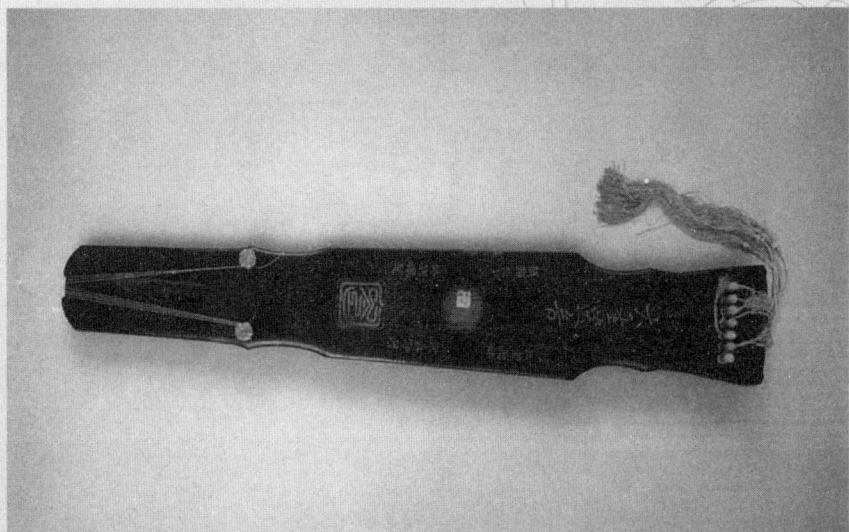

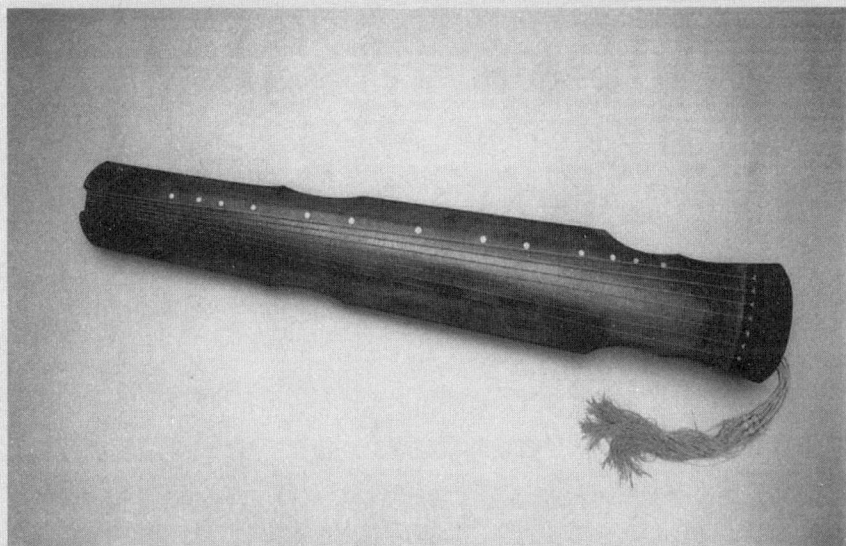

唐代"大圣遗音"栗壳色漆琴。此琴为神农式，桐木斫，漆栗壳色间黑色，略有朱漆修补，鹿角灰胎，发蛇腹间牛毛断纹，金徽。龙池上方刻草书"大圣遗音"四字。此琴为安史之乱后所制，四字款当系唐代宫琴的标志。此琴发音清脆，饶有古韵，造型浑厚，别致优美，是传世唐琴中最完好的一件。图为琴的正反面。

箫）、笛、筝类。龟兹乐所用鼓类极多，而清乐、西凉乐所用较少，尤其是清乐，这和音乐的内容、情趣、风格有关。重要节奏性乐器拍板，均未见涉及；但在壁画、浮雕等资料中，它显然在乐队中占有重要地位。

清乐、龟兹乐和西凉乐三乐部的乐器构成，大体上可分别代表本时期中原传统乐队、西域乐队和二者混合型乐队。敦煌莫高窟壁画以及出土乐俑、浮雕、线刻绘画等，关于隋唐五代的乐队资料甚多，大体上以接近龟兹乐和西凉乐两种乐队的为多，于此也可见其广泛影响。南唐周文矩《合乐图》甚为细致真实，接近西凉乐乐队，而且还有方响、建鼓，加强了中原传统清乐的色彩。

元稹撰《莺莺传》

贞元二十年（804），诗人元稹（779~831）创作的传奇爱情小说《莺莺传》在我国文学史上影响极大，给他带来了很高的声誉。

《莺莺传》，原题《传奇》，《太平广记》收录时改为《莺莺传》，沿用至今。又因其中有赋《会真诗》，亦称《会真记》。主要写张生与崔莺莺相恋并私订终身，后又将她遗弃的悲剧故事。元稹年轻时期亦曾有过类似张生那样一段经历，后人多以为张生的原型为元稹本人。崔莺莺的原型则说法各异，无定论。

小说文笔优美，刻画细致，成功地塑造了女主人公崔莺莺的形象。崔莺莺出身高门，思想行为均受封建礼教的规束。她有强烈的爱情渴望，却又只能深藏于心底，以致于有时作出完全违反自己本意的行动。她主动约会张生，张生来后，她却又"端服严容"，正言厉色斥责张生的"非礼之动"。数日之后，她忽然大胆地自动乘夜至张生住处幽会。这种矛盾和反复的过程，反映了她内心的犹豫、斗争以及最终背叛封建礼教的决心。然而，当她被遗弃后，却只是怅恨自怜，听凭命运摆布，而无法逃脱社会、出身、教养所套在她身上的精神桎梏，从而又表现出她思想性格中难以克服的软弱的一面。小说中

陕西周至县仙游寺全景。白居易正是在这里一气呵成，写就他那著名的长诗《长恨歌》。

张生是一个玩弄女性而毫无羞愧的封建文人，他对莺莺始乱终弃，是封建制度下醉心功名富贵的士子的真实写照。作者为他的卑劣无耻的行径辩解开脱，借其口大骂莺莺为"妖孽"、"不妖其身，必妖于人"。又从封建道德规范出发，称赞张生为"善补过者"。这些都影响了小说人物形象的前后一致性，造成了主题思想的矛盾。鲁迅评："篇末文过饰非，遂堕恶趣。"（《中国小说史略》）。但作品的客观艺术效果却使人不禁要同情莺莺的遭遇，而谴责张生的负心行为。

《莺莺传》写的是"才子佳人"的恋爱，深受文人喜爱，故事流传极广。宋以来有许多作品由它演变而来。较有名的有：宋代赵令畤的鼓子词《商调蝶恋花》，金代董解元的《西厢记诸宫调》，元代王实甫的杂剧《西厢记》，明代李日华、陆采各作有《南西厢记》等等。直至现今，《西厢记》已成为中国许多传统剧种的传统剧目，家喻户晓。

白居易作《长恨歌》《琵琶行》

元和十年（815）白居易被贬为江州司马，这是他人生的一个转折点。表面原因是白居易越职奏事，率先上书请捕刺杀宰相武元衡的凶手，得罪了当朝权贵，实际上真正的根源在于他平日所作的讽喻诗招致了当权者的忌恨，故借此机会打击报复。对此，白居易自言："始得名于文章，终得罪于文章。"

江州之贬使白居易"换尽旧心肠"、"兼济天下"的胸怀让位于"独善其身"的打算。他自责"三十气太壮，胸中多是非"，转而力求做到"面上灭除忧喜色，胸中消尽是非心"。他不愿再过问政治，但也没有辞官，而是选择了一条"吏隐"之道：挂一闲职，以诗、酒、禅、游自娱。即使后来奉召还京，为避开朝中朋党倾轧的恶劣政治环境，白居易还是请求放外任，以地方官为隐，远嫌避祸。在任杭州刺史和苏州刺史后，他又"求致身散地"，以太子宾客分司东都，在洛阳过着"似出复似处"的晚年生活。

与这一时期明哲保身、与世无忤的生活相适应，白居易此时所作多为描写闲静恬淡境界、抒发个人情感的闲适诗和感伤诗。他对这两类诗作了说明："又或退公独处，或移病闲居，知足保和，吟玩情性者……谓之闲适诗。又有事物牵于外，情理动于内，随感遇而形于叹咏者……谓之感伤诗"（《与元九书》）。由此可见这两类诗的特点。

白居易的闲适诗受到陶渊明、韦应物的影响，表现了对田园归隐生活的向往和洁身自好的志趣，不时还流露出省分知足、乐天安命的消极情绪。但也有一些较好的篇章，如《观稼》写道："饱食无所劳，何殊卫人鹤"，对自己的闲适感到内疚；《自题写真》道："况复刚狷性，难与世同尘。不唯排贵相，但恐出祸因"，从侧面反映出对现实的不满和走向闲适的无奈。他的闲适诗中还有一些描写田园风光和自然景物的佳作，如《田园三首》等。

白居易的感伤诗最出色的是长篇叙事诗《长恨歌》和《琵琶行》。前者

《琵琶行图轴》。唐代诗人白居易（772~846）由长安被贬到九江途中，在船上倾听一位长安故妓弹奏琵琶，有感而作《琵琶行》。图为明郭诩绘《琵琶行图轴》。

为早年（元和元年）所作；后者便是外迁这一阶段的作品。这两首诗均达到很高的思想艺术水平，长期在人民中广泛流传。这一时期白居易还写了不少亲朋间酬赠往来的篇章，如《别舍弟后月夜》、《江南遇天宝乐叟》等，感今伤昔，叹老嗟病，有浓厚感伤色彩。

白居易在内外迁调的时期虽然以"独善其身"为处世原则，但他的兼济之志并未完全消失，转而表现在力所能及的情况下为人民做好事。在杭州时，他主持修筑湖堤、疏浚水井，造福百姓；离开苏州时，人们泣涕相送，依依不舍。作为一个现实主义诗人，白居易始终心系民间疾苦。

韩愈作《师说》

韩愈（768~824）字退之，河南南阳人，唐代最著名的文学家、学者、思想家和教育家。曾任国子博士、国子祭酒、吏部侍郎及京兆尹等职。

《师说》是韩愈教育思想的重要代表作，也是中国古代第一部集中论述教师问题的名作。在继承《礼记·学记》中有关思想的基础上，韩愈总结自己的体验和实践，概述提炼出一套系统的教师理论，包括教师的作用、地位、任务、评价标准和师生关系等；同时抨击了当时社会上及学界的不良学风。首先，韩愈开门见地指出"古之学者必有师"，认为从师学习是儒学教育的优良传统。即使是巫医乐师，百工之人也有可学之长。他又指出："人非生而知之"，在学问上，"无贵无贱，无长无少，道之所存，师之所存。"

作为教师，韩愈认为应该具备"传道、授业、解惑"这三方面的能力。并应在"教学相长"中不断提高自己各方面的能力，

韩愈像

充分认识到"圣人无常师",以及"师不必贤于弟子,弟子不必不如师"的教学辩证关系。这些是针对当时某些求师问学和为师教学者的心理障碍而发的议论,为后生学子突破陈规旧俗的束缚,充分培养和发挥自己的聪明才智开辟了道路。总之,在韩愈的教学思想中,最精彩的莫过于他对教师及师生关系的论述,可以和他"文以载道"的思想相提并论,成为韩愈的重大贡献。

韩愈以文为诗·风格独特

韩愈不仅在散文方面卓有成就,在诗坛上也独树一帜。他的诗歌创作与他的散文创作有着异曲同工之处,不仅某些思想内容一以贯之,在表现手法上,亦有明显的散文化倾向,这与他提倡儒学复古、反对骈文是一脉相承的。

韩愈写过不少现实意义较强的诗作,"不平则鸣"的文学观点在韩愈的诗中继续体现出来。如《汴州乱》、《归彭城》等反映了藩镇叛乱事件,触及人民疾苦,在当时有批判意义;《谢自然诗》、《送灵诗》等则表现了他反

宋代苏轼书《昌黎伯韩文公庙碑》(残片)

对佛老、斥责神怪迷信的态度；《山石》、《八月十五夜赠张功曹》等诗则通过自己和朋友们怀才不遇或被贬的遭遇，抒发对当时黑暗政治的愤懑。

韩愈诗歌在表现手法上最突出的特点，便是"以文为诗"。他常常把散文的篇章结构、句式、虚词等用于诗歌写作中，使诗的形式散文化；又喜欢在诗中横生议论，有时通篇以议论为主；还喜欢用赋的铺张雕绘方法，洋洋洒洒直陈其事。这些表现手法产生了一些风格独特的佳作，如《山石》，全诗以素描式的散文笔调，描写了山间的黄昏、夜景和晨景，处理光线明暗得当，点染色彩浓淡相宜，诗中画意盎然。又如《听颖师弹琴》，借用一连串形象生动的比喻，把音乐的起伏跌宕表现得酣畅淋漓、动人心魄。但是"以文为诗"也带来了一些弊端，如议论过多显得逞才使气，铺叙太甚显得累赘堆砌，这些都影响到诗歌意境的含蓄隽永。

韩诗的另一特点，便是追求奇特险怪。这与他在古文运动中主张"唯陈言之务去"、反对"沿袭"、"剽盗"的观点也是一致的。这种追求表现当能给人以奇特雄伟之感，如《陆浑山火和皇甫湜用其韵》、《月蚀诗效玉川子作》等。而过分追求奇险则走向另一个极端，如《南山诗》采用汉赋排比铺张的手法，连用51个带"或"字的诗句和14个叠字诗句来表现终南山四时景色的变化和山势的形态，且搜罗光怪陆离的僻字，押险韵并一韵到底。这种近于玩文字游戏的表现方法，在艺术上没有积极的意义。

以文为诗和涉险猎奇构成了韩愈诗歌宏伟奇崛的艺术风格。独特的表现手法，既产生了许多佳作，也出现了一些败笔。但韩愈在中唐诗坛上的贡献是突出的：他一扫大历以来的平庸诗风，别开生面地创建了一个新的诗歌流派——与当时的"元白诗派"并驾齐驱的"韩孟诗派"，在当时和后世都有影响。

白居易作《与元九书》

白居易不仅以丰富的现实主义诗作推动了新乐府运动的发展，而且在诗歌理论方面为诗坛作出了独特的贡献。

在给好友元稹的书信《与元九书》中，白居易评点了前人和同时代人讨论中的进步因素，结合个人的创作经验，提出了现实主义诗歌的理论纲领；在《读张籍古乐府》、《新乐府序》、《策林》六十八、六十九等诗文中，亦反复阐述了新乐府运动的理论主张，形成一整套现实主义诗论。

白居易将诗歌的特殊教化作用放在首位，要求诗歌为政治服务，抨击社会弊端。《与元九书》说："文章合为时而著，歌诗合为事而作"、"上以补察时政，下以泄导人情"，强调了诗歌的批判

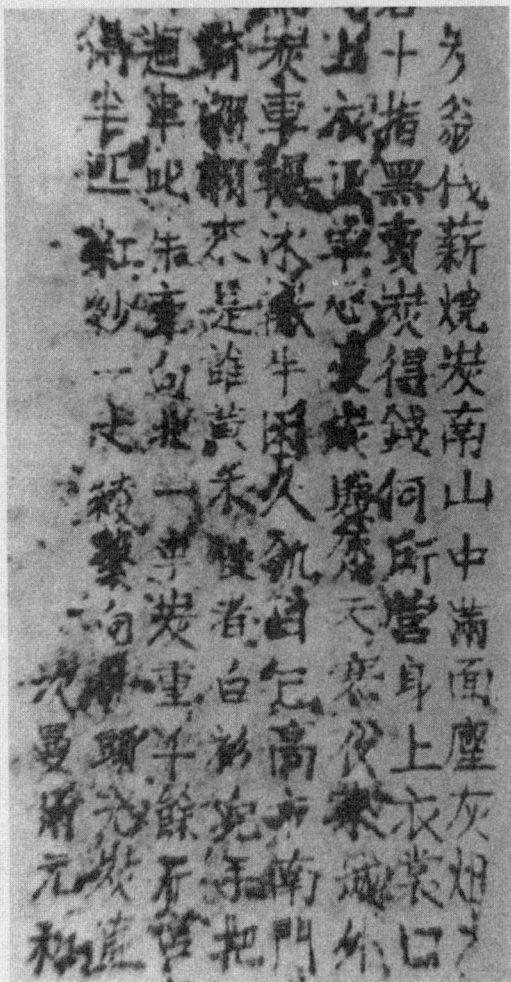

白居易《卖炭翁》诗拓片。新疆若羌县米兰故城出土。

《香山九老图轴》。一生同情民众而又无力改变现实的白居易，晚年退居
河南洛阳龙门山东之秀山，筑石楼，自号香山居士，在与胡景、刘真等九
位老者宴饮仙游中了结残生。图为明周臣绘《香山九老图轴》。

现实功能和政治讽喻作用。针对当时的社会特点，他特别重视"为民"，认为诗歌应反映人民疾苦，"唯歌生民病"（《寄唐生》），"为君、为臣、为民、为物、为事而作，不为文而作"（《新乐府序》）。将诗歌与政治及人民生活紧密结合，是白居易诗论的核心，在此之前，没有人如此明确地提出这一点。

他在《与元九书》中彻底否定了六朝以来那种"嘲风雪、开花草"的绮靡颓废之风，自述"自登朝来，年齿渐长，阅事渐多，每与人言，多询时务"。由此可见白居易注重从现实生活中汲取创作源泉。《策林》之六十九也说："大凡人之感于事，则必动于情，然后兴于嗟叹，发于吟咏，而形于诗歌矣"，阐明了诗歌与生活的关系。

在诗歌的艺术表现方法上，白居易强调内容与形式的统一，要求形式服务于内容。所谓"根情、苗言、华声、实义"（《与元九书》），以果木为喻，形象地阐明了内容与形式的关系。具体要求诗歌应文辞质朴，表达清晰，内容真实，文字流畅，这与他"不求宫律高，不务文字奇"的主张是一致的。

蒋防作《霍小玉传》

蒋防，字微（一作子微）。义兴（今江苏宜兴）人。长庆元年（821），从右补阙提为翰林学士。长庆末年，因李绅被逐而贬汀州刺史，后改连州刺史。善诗。《全唐诗》录其诗1卷。《全唐文》收其赋及杂文1卷。著有传奇小说《霍小玉传》。

《霍小玉传》写歌妓霍小玉和书生李益的爱情悲剧。李益在长安与霍小玉相恋同居，后向小玉发誓偕老而别。当李益做官后却变心易志，娶贵姓卢氏为妻。小玉得悉，愤恨欲绝，一病不起。侠士黄衫客挟持李益至小玉家中，小玉痛斥李益的薄情负心，誓言死后定化为厉鬼报复李益，终于气结而死。小玉死后李益果然疑其妻妾与他人有私，时刻受到猜疑与嫉妒情绪的困扰，闹得举家不得安宁。

《霍小玉传》是爱情题材传奇小说中最具思想光彩的作品。化鬼复仇的结局虽近荒诞，但表现出作者鲜明的爱憎，有很强的批判力。小说在反映唐代封建社会下层妇女被侮辱被损害的悲苦命运的同时，谴责了豪门士族品行的卑劣，赞扬了小玉不屈的反抗精神，控诉了封建门阀观念和等级制度。其艺术价值，前人给予极高的评价。明代胡应麟认为唐人小说纪闺阁事绰有情致，而"此篇尤为唐人最精彩动人之传奇，故传诵弗衰"（《少室山房笔丛》）。明代汤显祖演作戏曲《紫钗记》。

王建作《宫词》

王建任陕州司马时，曾"从军塞上、弓剑不离身"，对征戍之苦有所体会。晚年生活贫困，过着艰苦的躬耕生活，"终日忧衣食"。因此其诗较能广泛深刻地反映现实。如《水运行》："去年六月无稻苗，已说水乡人饿死。"曲折深婉，语浅意深。他不仅描写了农夫织妇之苦，还反映了水夫、运夫、海人、征人、戍妇的生活苦况。如《水夫谣》真实地描写了牵拉驿船的痛苦："苦哉生长当驿边，官家使我牵驿船。辛苦日多乐日少，水宿沙行如海鸟。"底下即具体描写当时的苦状，这是对封建徭役的血泪控诉。他的诗反映了当时社会的多种生活画面，丰富多彩。他的主要成就是乐府歌行，继承了杜甫诗歌的现实主义精神，尤其学习杜甫即事名篇的新题乐府，而又有所发展。形式自由，题材广泛新颖。

他的《宫词》百首，多言唐宫生活，史传小说中很少见，因而具有较高的认识价值。如他的《故行宫》即是一首五绝珍品："寥落古行宫，宫花寂寞红。白头宫女在，闲坐说玄宗。"这首诗描写白头宫女在红花盛开的行宫，闲谈昔日唐玄宗的逸闻旧事。冷落含蓄，神态宛然，寓有无限的感慨。明代诗评家胡应麟说："语意绝妙，合（王）建七言宫词百首，不易二十字也。"王建的百首《宫词》多为宫廷生活的纪实，当时"天下皆诵于口"。它不仅有文学价值，而且有史学价值，可补史传之缺漏。

李商隐作《无题》诗

　　李商隐是唐代最优秀的爱情诗人，无题诗是他独具一格的创造。李商隐的无题诗大多以男女爱情相思为题材，意境缥缈，情思缠绵，文辞精美，读来令人回肠荡气。由于这些诗写得含蓄隐晦，其中有些诗另有寄托，千年来解说纷纭，不乏穿凿附会之流。今天看来，这些诗并非一时一地之作，也没有统一的构思，而是诗人生活中的各种即兴感受和点滴情绪的结晶，或实写恋爱相思，如："相见时难别亦难"、"昨夜星辰昨夜风"；或明属冶游押邪，如"近在名阿侯"、"长眉画了绣帘开"；有寄寓身世之感的，如"何处哀筝随急管"、"重帏深下莫愁堂"；还有一些兴寄难明，托意缥缈。这些诗含义有别，大都是诗中之意不便明言、意绪复杂难以一言概括的，统名以"无题"。诗歌的意义不限于表现一往情深的爱情生活，而是表现那种期待与失望、痛苦与留恋、执著与彷徨交织的矛盾心情，与整个时代息息相通。

　　李商隐继承了中唐艳情诗传统，又不同于李贺与元稹，他以真实的情感体验为基础，着力于心理的细腻刻画和意境的精心创造。他描写的悲剧性爱情，在情感与现实的冲突和恋爱者的情绪纠葛中，动人地展现出抒情主人公的理想追求和高尚人格，不但从一个侧面反映了封建制度对人性的压迫和摧残，也成为人类崇高美好情感的悲歌和颂歌。"春心莫共花争发，一寸相思一寸灰"、"身无彩凤双飞翼，心有灵犀一点通"、"直通相思了无益，未妨惆怅是清狂"、"春蚕到死丝方尽，蜡炬成灰泪始干"等诗句，感伤凄恻而又深情绵邈，成为李商隐无题诗中的不朽名句。

　　李商隐的无题诗情致深蕴，独特精丽的意象渗透着诗人丰富的内心情感，具有一唱三叹的韵味。这正是无题诗吸引无数后人反复吟诵把玩的原因所在。

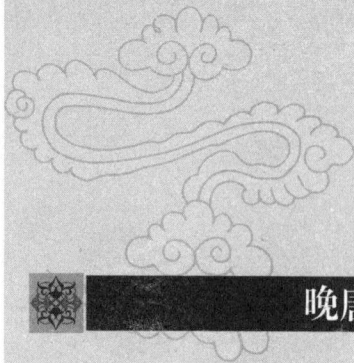

晚唐壁画骄奢淫逸

　　晚唐壁画是指唐肃宗至德初年——唐末（756~907）这一时期的壁画，它继续盛行家居生活方面的题材，仪仗出行的题材进一步削弱。从整体上观察，壁画上呈现的日常家居生活气氛很浓厚，这是中晚唐时期统治阶级更加骄奢淫逸的反映。在一些晚唐的墓道两壁上除第一、二期常见的表示方位的青龙、白虎之外，目前尚未发现仪仗出行的盛大场面；天井，过道两壁上，除画马夫牵马以外，还有男侍、女侍、伎乐、屏风，宴饮等内容。

　　中晚唐时期继承了北朝后期好画屏风的传统。梁元翰、杨玄略墓墓室两壁所绘屏风以六鹤作装饰，高克从墓墓室两壁的六扇屏风，每一扇用一对鸽子作装饰，此乃当时贵族邸宅喜用屏风的写照。杜甫《通泉县署屋壁后薛少保画鹤》诗云："薛公十一鹤，皆写青田真，画色久欲尽，苍然犹出尘，低昂各有意，磊落如长人。佳此志气远，岂惟粉墨新。"此诗可与唐墓壁画相印证。

　　晚唐壁画的创作风格上趋向繁靡浮华，内容上则从不同侧面反映了统治阶级骄奢淫逸的生活；创作技法上在继承了南北朝时期的成就的同时，进一步发展了"曹衣出水"、"吴带当风"的画技，使晚唐画技日臻成熟起来。吐鲁番阿斯塔那三八号唐墓壁画六屏式人物画，充分体现了晚唐圆熟的壁画技巧，特别是画上捧棋盘的侍者和臂鹰侍者，极富生活气息，人物刻画细致入微，气韵生动，是以疏体画派画风为基础，融汇了密体画派的画风，加以初唐、盛唐二个时期的积累发展，到晚唐时期，画技充分完善起来。

　　晚唐壁画技法上虽然臻于成熟，但反映的内容则是毫无进取的浮华寄生生活，伎乐、宴饮舞蹈等声色犬马的地主阶级家居生活，成为晚唐壁画的主流，这是统治阶级不思进取，沉迷于享乐，日趋没落的艺术写照。

唐乐舞壁画。此壁画为研究唐代胡腾舞提供了重要的资料。

唐托盘女侍壁画

唐宴饮壁画。壁画反映了中小贵族阶层的生活状况和精神面貌。

韦庄作《秦妇吟》

　　韦庄（约836~910），唐末五代诗人、词人。字端己，长安杜陵（今陕西西安东南）人，诗人韦应物四世孙。他早年丧父，家境贫寒，于乾宁元年（894）中进士，后入蜀为王建掌书记。唐朝灭亡后，王建称帝，建立前蜀，任命他为宰相，后死于蜀。

　　韦庄在唐末诗坛上有重要地位。忠于唐王朝是他思想的核心，忧时伤乱是他诗歌的主要基调，因而他的诗较广阔地反映了唐末动荡的社会面貌。韦庄的代表作《秦妇吟》是现存唐诗中最长的一首叙事诗。这首七言古诗全长238句，1666字。诗中借一被起义军俘虏的女子（秦妇）的自述，描述了黄巢起义军进入长安后称帝建国，与唐军反复争夺长安以及最后弹尽粮绝的情形。秦妇是一位美丽、善良又坚强的贵族姬妾。沦为新贵眷属后，压抑的内心逐渐萌生了怨愤，作者通过秦妇这样一名封建时代被污辱、被损害的女性

《唐人倦绣图》（摹本）。图中绘三人围坐绣案旁，一人持线，另二人因倦小息，形象、服饰等都反映出唐人的风范。

形象，表现出广大妇女在战争年代所遭受的种种不幸。

全诗运用倒叙有层次的手法，布局谨严，脉络分明，语言抑扬顿挫，旋律优美，是我国诗歌叙事艺术发展的里程碑。韦庄因此被称为"秦妇吟秀才"。但由于某种忌讳，韦庄晚年严禁子孙提及此诗，也未将其收入《浣花集》，以致长期失传。20世纪初才在敦煌石窟发现。

韦庄还作有七绝写景诗《台城》："江雨霏霏江草齐，六朝如梦鸟空啼。无情最是章台柳，依旧烟笼十里堤。"借写景伤今怀古，情调凄婉。

韦庄与温庭筠齐名花间词人，他的词风格清新疏朗，自成一家，内容和温庭筠等花间词人一样不外乎男欢女爱、离愁别恨，但更注重感情抒发，常将漂泊之感、离乱之痛和怀乡之情融为一体，情蕴深远，如《菩萨蛮》"人人尽说江南好"等五首。

苏、梅倡导诗文改革

北宋仁宗时期，宋王朝近百年的统治已经为封建文化的繁荣打下了基础，同时，由于各种社会矛盾的加深，促使文人们关心现实，与当时的政治革新密切相关的诗文革新运动，就在这种时代背景下展开。苏舜钦与梅尧臣在矫正西昆体浮华之风与开辟宋诗独特境界方面作出了重要贡献，并写下了许多优秀散文，体现了诗文革新运动的主张。二人在文坛上并称苏梅。

苏舜钦（1008~1048）字子美，梓州铜山（今四川中江）人。27岁中进士后，他曾任县令、大理评事等小官，为人慷慨有大志，"位虽卑，数上疏论朝廷大事，敢道人之所难言"。个人的志向和经历使苏舜钦在诗歌中表现了强烈的现实主义精神。他高度评价古代设官采风之举，认为写诗、作文的目的在于"警时鼓众"、"补世救失"。揭露社会黑暗现实，反映人民与统治者之间的深刻阶级矛盾在苏舜钦的诗中占了很大比重。在《城南感怀呈永叔》中，他描写了百姓在灾荒中"十有七八死，当路横其尸"的悲惨景象，斥责当权者"高位厌梁肉，坐论搀云霓"的麻木与冷酷；在《庆州败》中，对宋

王朝统治者陶醉于"承平"，以致在边塞战争中丧师辱国作了愤怒的谴责——"国家防塞今有谁？官为承制乳臭儿，酣觞大嚼乃事业，何尝识令兵之机"。这些诗大胆直露，指陈时弊痛快淋漓，明显具有以诗歌为政论、语言散文化的特点。苏舜钦的另一些诗抒发了慷慨激昂的爱国壮怀，如《吾闻》中写道："予生虽儒家，气欲吞逆羯；斯时不见用，感叹肠胃热。昼卧书册中，梦过玉关北"。诗中气势豪健，感情悲郁，开后世爱国诗词中豪放一派的先声。苏舜钦还有一些写景抒情诗，意境开阔，画面鲜明，如《淮中晚泊犊头》——"春阴垂野草青青，时有幽花一树明。晚泊孤舟古祠下，满川风雨看潮生"，景色幽丽静雅而感情起伏多变，笔触既柔美又雄健，给人以清新爽朗之感。

苏舜钦的散文亦反映现实，言之有物。他在政治上忧国忧民，志在革新，因遭保守派官僚诬陷而被削官，后"居苏州，买水石，作沧浪亭"，并写下了著名的《沧浪亭记》。文章记录了他在大自然美景中对社会黑暗、官场腐败的再认识，文笔清新简练，结构层次清晰，议论精当，情景交融，是脍炙人口的佳作。

梅尧臣（1002~1060），字圣俞，宣州宣城（今安徽宣城）人。他虽然一生穷困不得志，但以诗歌著称，颇得欧阳修推重。官小家贫，使他得以接近下层社会，了解人民的疾苦，写出了许多好诗，正如欧阳修所说："非诗之能穷人，殆穷者而后工也"。梅尧臣的诗歌主张与西昆体的浮艳诗风相对立，他提倡《诗经》、《离骚》的传统，认为诗歌是"因事有所激，因物兴以通"而产生，注重写实，追求"平淡"的风格。他的创作实践与其创作主张是一致的，富于现实性、人民性，许多诗歌反映了当时的社会矛盾，表达了对国事的关心。《汝坟贫女》是他诗作中的名篇，通过一个贫家女子的哭诉，指斥了统治者的残暴无情；《田家语》描写沉重的赋税、徭役给农民带来的痛苦和灾难；《陶者》则直接反映了贫富阶级的尖锐对立——"陶尽门前土，屋上无片瓦。十指不沾泥，鳞鳞居大厦"。梅尧臣的另一些诗则以写景抒情见长，如律诗《鲁山行》描写幽寂、萧瑟的晚秋山景，真切细致。其他一些诗作中亦有许多意新语工的佳句。如《东溪》中的"野凫眠岸有闲意，老树着花无丑枝"；《梦后寄欧阳永叔》中的"五更千里梦，残月一城鸡"，均是以朴素自然的语言，描绘出新颖别致的景物形象，体现出清丽淡远、意境含蓄的艺术风格，与镂金错采、铺陈堆砌的"西昆体"形成鲜明对比。

梅尧臣平淡自然、含蓄委婉的文学主张在他的散文创作中亦可见。《览翠亭记》写得自然而有韵味，叙事、写景、议论、抒情都流露出作者的高情雅趣，体现出一种不因坎坷困顿而意志消沉的从容和自得其乐、旷达自适的恬然心态。

苏、梅二人的诗文风格虽有豪放与淡远、直露与含蓄之别，但他们都是注重在创作中反映社会人生，一扫西昆体无病呻吟之弊，带动了诗风、文风的变革。

苏轼诗歌多姿多彩

苏轼在开拓宋词的同时，把写诗作为日常功课，一直坚持到晚年。苏诗今存2700多首，反映了诗人丰富的生活阅历和广泛的艺术情趣。

苏轼毕生从政，重视文学的社会作用。他写了许多抨击时政、反映民生疾苦、关心国家命运的诗。他的政治讽刺诗《荔枝叹》、《李氏国》等通过具体事件的描绘，控诉了封建统治者为满足个人欲望而不顾百姓死活的罪恶，抨击了以人民血汗来"争买新宠"的当朝权贵。另一些政治讽刺诗基于对人民的真诚同情，反映了新法推行时的流弊，虽有偏激或夸大之处，但比较真实地表现了劳动人民的疾苦和他们挣扎在死亡线上时的情绪。其中《吴中田妇叹》一首在苏轼获罪的"乌台诗案"中曾被列为罪证之一。此外，《读开元天宝遗事》、《骊山绝句》等借古讽今，寄托了诗人对北宋王朝前途的隐忧。苏轼还有少数诗篇表达了他在军事上的见识和为国破敌的雄心，如《和子由苦寒见寄》、《阳关曲》、《获鬼章二十韵》等。

苏轼写得最多、艺术成就也最高的是抒发个人情感和吟咏自然景物的诗篇。《游金山寺》描写了江上落日和月色，由长江到海不归感叹自己的宦游不归；《和子由渑池怀旧》借"雪泥鸿爪"的比喻，抒发了对人生来去无定的惆怅和对前尘往事的眷念。

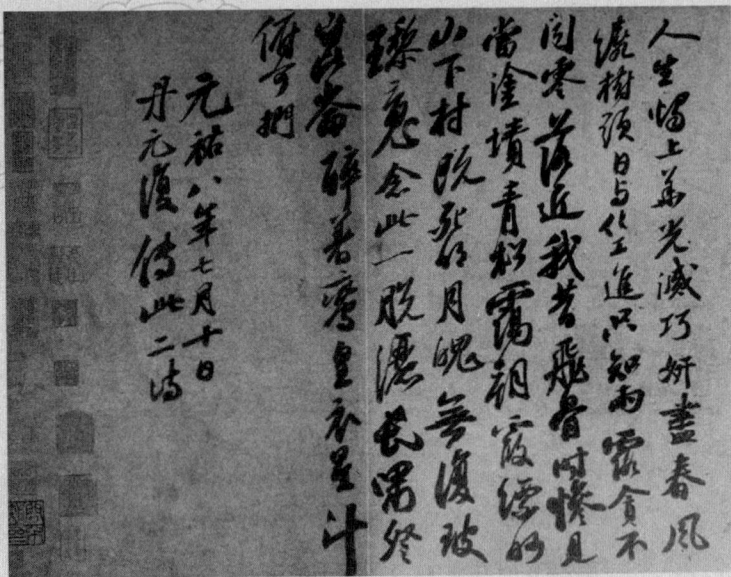

苏轼《李白仙诗卷》书法作品,受颜真卿、杨凝式二家影响,并变古创新,创出新书风。

苏轼一生三度遭贬,四处宦游,足迹几乎遍及当时中国的重要州郡。在他的诗中有蜀中风光,有江南晴雨,有北地名胜,有岭南风物。他的写景诗有两个特点:一是充满情趣,把寻常景色写得精警动人。把日常生活写得美好可爱。二是富于理趣。善于捕捉日常生活和自然景物的特点,在诗中表达他的新颖见解,饶有趣味又富于哲理性。理趣在唐诗中不多见,出现在苏轼诗中才开始引人注目,从而成为宋诗的一个特征。

苏轼在艺术方面有很高的造诣和鉴赏力,常常以诗题画、论诗、评书法。如《王维吴道子画》、《读孟郊诗》、《石苍舒醉墨堂》等等,均表现了他的审美情趣和艺术见解,有些写得十分生动形象。如《惠崇春江晚景》的"竹外桃花三两枝,春江水暖鸭先知"。又如《韩干马十四匹》写群马各具神态,巧夺画工。但这类诗存在着以学问为诗、以议论为诗的倾向。

苏轼诗歌的最大艺术特点是比喻丰富,生动贴切。如以"紫金蛇"比闪电;以"西子"比西湖;以"雪泥鸿爪"比喻行止无定的人生;以"兔走鹰隼落"、"骏马下注千丈坡"、"断弦离柱箭脱手"、"飞电过隙珠翻荷"等一系列形象来形容徐州百步洪的声势。苏诗的另一特色便是散文化、议论化的倾向。这种倾向一方面有助于抒写的自由和格律的流畅，另一方面却有损于诗的形象性和韵律美。在形式方面，苏诗各体皆工，尤长七言。他的七古、七律、七绝都写得很出色，有些篇章可以媲美唐人。

苏轼诗歌舒卷自如，风格多样，但其基调是浪漫主义的，其雄杰奔放直追前人。"春秋古史乃家法，诗笔离骚亦时用"、"当时何人送临贺，至今有庙祀潮州"，表现了他对文章事业的自信和对政治挫折的超脱。于是他的诗中便有了"江神河伯两醯鸡，海若东来气吐霓，安得夫差水犀手，三个强弩射潮低"的气魄，有了"山城酒薄不堪饮，劝君且吸杯中月"的奇想。显然他继承了李白的浪漫主义传统，形成了自己的艺术个性。

黄庭坚开诗歌新流派

北宋末期，黄庭坚在总结自己的诗歌艺术特点的基础上，形成了一套完整的作诗技巧方法，并开创了新的诗歌流派——"江西诗派"。

黄庭坚（1045~1105），字鲁直，号山谷，又号涪翁，洪州分宁（今江西修水）人，自幼聪颖过人，熟读经史百家之言论，宋英宗治平四年（1067）考取进士，随后走上仕途，先后任汝州叶县（今属河南）县尉、北京（今河北大名）国子监教授，吉州太和（今江西泰和）县令，一度曾入宫为参详官，编修《神宗实录》，后受当权派迫害，被贬为涪州（今四川涪陵）别驾，黔州（今四川彭水）安置，最后被贬到宜州（今广西宜山），直到终年。

作为一个诗人，黄庭坚强调用词的精炼与准确性，每用一字，都要起到一定的震撼力，即所谓"用一事如军中之令，置一字如关门之键"。他的诗歌特点，在写景、遣怀、寄识等抒情诗中，无不用词精炼，抒情深浓，给人以美的享受。

黄庭坚在诗歌方面最主要的成就还应在他开创了新的诗歌流派——"江西诗派"。江西诗派的主要代表人物除黄庭坚外，还有陈师道、陈与义等。

江西诗派的主要理论观点是"夺胎换骨"、"点铁成金",这是有关引用古人诗句的方法问题,即只能引用古人诗句以作陶冶之用,不能全盘照搬。要做到这一点,就必须作者本人自有主旨,"凡作一文,皆须有宗有趣"。对于理与辞的关系,他肯定以理为主,以辞为辅。"以理为主,理得而辞顺"。

江西诗派的另一个理论观点是:要求诗人在掌握艺术技巧的基础上,摆脱技巧的束缚,而自成一家。这一点对江西诗派的诗人影响很大,黄庭坚的诗以生新瘦硬见长,陈师道的诗则比较朴拙,陈与义的诗又趋向于雄浑博大。正是这一点各成一家的风格使得江西诗派在文学史占有重要的地位。

江西诗派到了南宋年间,在诗坛上的影响比北宋年间有过之而无不及,杨万里、陆游、姜夔在诗歌艺术上都受江西诗派的深厚影响。

秦观作《淮海词》

秦观像

1100年,北宋大词人秦观去世。

秦观(1049~1100),字少游,号淮海居士,扬州高邮(今江苏高邮)人,北宋后期的著名词人之一。他少时家道中落,借书苦读;个性豪隽,喜读兵书,有政治热情。秦观十分推崇苏轼,也颇得苏轼赏识,是"苏门四学士"之一。他于神宗元丰八年(1085)登进士第;哲宗元祐初,经苏轼推荐,任太学博士,兼国史院编修官;绍圣元年(1094),新党执政,他因与苏轼的关系被目为旧党,连遭贬斥,数年间过着流放生活,最后死于藤州。秦观诗、词、文皆工,而以词著称，是婉约派的代表作家，其词集名为《淮海词》。

　　秦观词的内容，局限于描写男女恋情和抒发个人愁怨，以"情韵兼胜"著称，感伤色彩较为浓重。他早年客游汴京、扬州、越州等地，有结交歌女的经历，儿女情长便成了他词作中表现的一个主要题材。这些词风格清丽婉约，柳永的词在这方面对他颇有影响。在《满庭芳》"山抹微云"中，"斜阳外，寒鸦数点，流水绕孤村"和"伤情处，高城望断，灯火已黄昏"的描写，将离别之情和凄清之景融成一片，在意境上接近柳永的《雨霖铃》"寒蝉凄切"。他的《鹊桥仙》"纤云弄巧"借神话传说中牛女双星的悲欢离合，歌颂真挚久长的爱情，带有一定的理想色彩。其中"两情若是久长时，又岂在朝朝暮暮"之句，立意高雅，成为后世多少两地相思的有情人的精神寄托。

　　秦观词的艺术成就很高。他比较注重晚唐五代以来词体形成的婉约本色，善于通过凄迷的景色，婉转的语调表达感伤的情绪。他常在词中缘情设景、造境写情。所作《满庭芳》"山抹微云"把离情放在一个幽暗凄迷的背景下来描写，更增添了感伤色彩。另外如《望海潮》"梅英疏淡"、《踏莎行》"雾失楼台"等名篇，均有情景相生、心境互映的生花妙笔。秦观在这方面继承了柳永的某些表现手法，但又避免了柳永的俚俗和发露无余，而以淡雅含蓄取胜。另外，秦观工于炼字琢句，其语言清丽自然，句法整饰，音律谐美，辞情相称。如"山抹微云，天粘衰草"、"自在飞花轻似梦，无边丝雨细如愁"等佳句，均选词精当，形容巧妙，描绘出柔美空灵的画面，充分表现了婉约派的特色。

　　秦观在北宋以后几百年都被视为词坛第一流的正宗婉约派作家，他的词风对后来的许多著名词家如周邦彦、李清照直到清代的纳兰容若等，都有显著的影响。

朱淑真作《断肠词》

两宋时期，在词坛上活跃着一批女性词人，她们以女性细腻的生活体验，向世人展示了其独特而丰富的情感世界，朱淑真就是其中一位具有代表性的词作家。南宋魏仲恭所辑《断肠诗集》10卷，《后集》8卷，及《断肠词》1卷，基本上可以反映其创作概貌。

朱淑真，号幽栖居士，生卒年及生平事迹不详，钱塘（今杭州）人，一说海宁人，出生于仕宦家庭。少年时喜爱读书，酷好文学、擅长诗词，将其作为性情抒发的渠道，一生大多数时间生活在杭州，也曾随丈夫宦游他乡，到过淮南和潇湘。婚姻不遂素志，给她的精神带来了莫大的痛苦，最后悒悒而终，生平创作了大量诗词，但在她死后被其父母一把火焚烧了。现在流传下来的只是其创作的很少一部分。

婚姻的不幸，使朱淑真长期陷于忧郁和苦闷之中。为此，她写了大量描写个人寂寞生活和抒发内心痛苦的诗篇，如《愁怀》、《长宵》、《冬夜不寐》无不流露出"东君不与花为主，何似休生连理枝"，"珠泪向谁弹"、"闷怀脉脉与谁说"的痛苦和孤寂之感。此外，记游、赠答也是其诗歌创作的一大题材，表达了其客居异乡时对家乡和家人的怀念。其咏史诗议论历史，品评人物，无不表达了其独到的眼光和见地。诗词中还有对封建制度对妇女的束缚愤慨不平和对于蚕桑、农事及人民生活的关怀，湖光山色四季景物也大量地再现于其诗中。

《断肠词》中保存的其词作有 30 首左右，历来受到人们的珍视，词中充满了封建社会妇女才华被压抑、婚姻不如意的不幸命运和孤单寂寞生活，及苦闷哀愁的情绪，思想单薄而消沉，真实地反映了当时妇女的生活和思想

感情。

朱淑真的词作风格直承晚唐、五代，还受到柳永、周邦彦等人的极大影响。语言清新秀丽，善于运用委婉、细腻的手法，表现优美的客观景物和个人内心世界。而描写恋爱生活的词作在语言上显得泼辣而通俗，感情直率大胆。

张择端作《清明上河图》

北宋末年，画院待诏张择端作《清明上河图》，再现了12世纪中国城市生活的方方面面，反映了当时社会生活和物质文明的广阔性与多样性。

张择端，字正道，东武（今山东诸城）人。年少时，读书。后游学京城汴梁（今河南开封），开始学习绘画。他工于界画，特别擅长舟车、市桥、郭径，自成一家。有《清明上河图》、《西湖争标图》等作品名于世。

《清明上河图》是著名风俗画作品，绢本，长卷，淡设色，卷宽24.8厘米，长达528.7厘米。"清明"指农历清明节前后，一般认为该图是描写北宋京城汴梁及汴河两岸清明时节的风光。

全画结构共分3段：首段写市郊风景，寂静的原野，略显寒意，渐而有村落田畴，嫩柳初放，有上坟回城的轿、马和人群，点出了清明时节特定的时间和风俗。中段描写汴河，汴河是当时中国的南北交通干线孔道，同时也是北宋王朝的漕运枢纽，画面上巨大的漕船，或往来于河上，或停泊于码头。横跨汴河有一座规模宏敞的拱桥，其桥无柱，以巨木虚架而成，结构精巧，形制优美，宛如飞虹。桥的两端连着街市，人们往来熙熙攘攘，车水马龙，与桥下繁忙的水运相呼应，是全图的第一个热闹所在。后段描写市区街景，以高大的城楼为中心，街道纵横交错，各种店铺鳞次栉比，有茶坊、酒肆、脚店、寺观、公廨等。有沉檀栋香、罗锦匹帛，香火纸马，有医药门诊、大

《清明上河图卷》，张择端画。

《清明上河图》中描绘的市景街道

《清明上河图》中描绘汴河两岸清明时节的市井风光

车修理、看相算命、修面整容，还有许多沿街叫卖的小商小贩。街上行人摩肩接踵，络绎不绝，男女老幼，士农工商，无所不备。

作品采用了传统的手卷形式，从鸟瞰的角度，以不断推移视点的办法来摄取景物，段落节奏分明，结构严密紧凑。全卷共有人物500余，牲畜50余，船只、车轿各20余，安排得有条不紊，繁而有秩。各种人物衣着不同，神态各异，劳逸苦乐，对比鲜明，按一定情节进行组合，富有一定的戏剧性矛盾冲突，使人读来饶有兴味。

至于笔墨技巧，无论人物、车船、树木、房屋，都线条遒劲老辣，兼工带写，设色清淡典雅，不同于一般的界画。《清明上河图》在艺术手法和处理上，具有高度的成就，在内容上，真实地反映了当时城市社会各生活面，具有重要的历史文献价值。

《清明上河图》以全景式的构图，严谨精细的笔法，展现了12世纪我国都市各阶层人物的生活状况和社会风貌，是一幅写实主义的伟大作品，把社会风俗画推进到更高的阶段。

契丹文长诗《醉义歌》成

《醉义歌》是辽代寺公大师用契丹文所作的一首长诗。经耶律楚材译成汉文才得以保存流传下来。

寺公大师，生平不详。耶律楚材的《醉义歌序》中称他为一时豪俊，善于作诗，"其旨趣高远不类世间语，可与苏黄并驱争先耳"。

《醉义歌》全诗叙述一个隐居山野的高士，在重阳秋风之中，与老农把酒共醉，表达了蔑视人间利名、高蹈出世的愿望。诗人在诗中还多次提到陶潜、李白，对他们洒脱不拘、寄情诗酒的生活及怡然自乐的心灵境界十分向往。此外，诗中一些诗句包含着精邃的佛玄哲理，如"梦里蝴蝶勿云假，庄周觉亦非真者"，"天地犹一马，万物一指同"，显示出作者高超的文化修养和悟性。

从译文看，全诗120句，通篇为整齐的七言，只在结尾处杂以三、五、七言，稍有变化，更让人觉得气势一贯，飞泻直下。其中既有精妙的对句，又有夸张阔肆之辞，诗法结构颇似李白的七言古诗。

诗中描写田野风光，生动形象。如"欣然命驾匆匆去，漠漠霜天行古路"，"随分穷愁掘酒卮，席边篱畔花无数，"叙景写人，句句入画，表现了作者对大自然的高超审美感受能力，而且景中有情，表达出诗人对田野风情的喜爱。

因此，该诗在内容与形式风格上都和唐代隐逸诗派作品极为相似。该诗的出现，证明了契丹文字的发展已臻于成熟，能够胜任表情达意的需要，还为我们正确评价契丹文文学作品以及整个辽代诗歌的价值和地位提供了依据。

嵇琴出现

宋代乐器和器乐较前代有重要发展。乐器品种除新出现有各种笛、箫、管外，在弦乐器中以擦弦乐器，如马尾胡琴、嵇琴和篥等的应用最为重要，对后世的影响也最为深远。

嵇琴，又称奚琴。唐代《教坊记》曲名中已有《嵇琴子》，说明当时可能已有嵇琴。北宋欧阳修的《试院闻奚琴作》的诗句中对其由来有明确的提示："奚琴本出奚人乐，奚虏弹元双泪落。"北宋陈旸《乐书》说，奚琴本胡乐，是奚邹（唐时在今内蒙赤峰南部一带）所喜好的乐器，"（盖）其制两弦间以竹片轧之，至今民间用焉"。从其叙述口气及该插在隋唐乐器中间看来，也应是唐代已有的乐器。

嵇琴不但在宋代流传，在宫廷中也常使用。《梦溪笔谈》补卷中记载了

这么一个故事：神宗熙宁年间宫中宴会，教坊伶人徐衍演奏嵇琴，恰巧断了一根弦，"衍更不易琴，只用一弦终其曲，自此始为'弦嵇琴格'"。

这一方面表明徐衍技艺的高超；同时也说明当时嵇琴已是一种具有相当水平的独奏乐器，故而能在宫廷演奏中占有一席之地。

作为最早的擦弦乐器，嵇琴无疑是后世弓弦胡琴类乐器的祖先，伴随着宋代市民音乐的繁荣，嵇琴在宋代正孕育着强大的生命力，为后世的说唱戏曲伴奏和器乐音乐开辟了广阔的天地。

吴棫创古音学

宋代学者思想比较解放，他们的许多创造性的研究工作给后代以重要影响。音韵学在这一时期取得了重大发展，音韵学的各主要分支科学都取得了很大成就。吴棫最先从事上古音研究，并开创了古音学。

古音是指专门研究中国周秦两汉时期汉语语音学。这门学说在汉代，也就是汉语语音对比周秦时产生了历史变化以后，就产生其萌芽。汉代的学者，主要是在读《诗经》等先秦韵文时感受到了汉语语音的变化。《诗经》是一部押韵的诗，但汉人用其语音去诵读时，发现有些地方并不和谐，而对此最敏感的，是汉代的训诂学家。例如，"车"的读音，刘颐在《释名·释车》中就指出"古者曰车，声如居"。

但自六朝开始，距先秦已很遥远，人们在诵读周秦韵文时，为了押韵和谐，便擅自以当时的语言标准去衡量周秦古音，临时改变韵脚字的读音，这就是所谓的"叶韵"，或称"叶句"（叶，读如协，就是和谐的意思）。这种"叶韵"说，完全是不懂语音变化，以今律古的做法。唐代的陆德明已经看到了"叶韵"说有误，但他没有深究。到宋代，大学者如朱熹等人仍旧全面采用"叶韵"

的办法来说明《诗经》的用韵。

吴棫（1100~1154），字才老，是宋徽宗宣和六年的进士，担任过太常丞、泉州通判等职，他是最早对古音进行专门研究的人。

吴棫研究古音时，搜集《易》、《诗》、《书》以下至北宋欧阳修、苏轼的文集等五十种著作，比较其中各种韵文，考察古人用韵和当代韵书分韵不同的地方。他所用的基本方法是根据韵文的押韵关系来确定古音，实际操作时，他以隋朝陆法言的《切韵》音系为代表的中古音206韵为依据，直接把韵文的押韵字归类、分部，凡韵文压韵与206韵不合的，就用古音通转的理论来解释。由此吴棫完成了《韵补》5卷，首次分出了古韵9部。

《韵补》成为汉语音韵学史上第一部研究古音的著作，而吴棫创造的用采联押韵字来推求古音的方法，也成为清代研究古音的主要方法。尽管《韵补》一书还存在时代不清、整理方法不够严谨、分部过于粗疏等缺点，但其开创古音学之功，却在音韵学史上占有重要地位。

汪元量作遗民诗

汪元量（1241~1317），字大有，号水云，南宋末诗人、词人，钱塘（今浙江杭州）人。他原为南宋宫廷琴师，南宋亡后，宋恭帝和太后等被俘北去，他随六宫到燕京（今北京）。后来出家做了道士，归老南方。

汪元量亲身经历了"亡国之戚，去国之苦"，写下了很多纪实诗篇。其中最著名的是《醉歌》10首、《越州歌》20首、《湖州歌》98首，其反映时代的深度和广度超过宋代其他遗民叙述亡国的同类诗作。这些诗以七绝联章的形式、纪实的手法，对南宋覆灭、生灵涂炭、六宫北迁的情形作了淋漓尽致的描绘，笔端饱含辛酸沉痛之情。

《醉歌》中谴责了奸臣误国的罪恶："吕将军在守襄阳，十载襄阳铁脊梁；望断援兵无信息，声声骂杀贾平章。"《越州歌》中描述了元兵铁蹄蹂躏半壁河山时的残酷："一阵西风满地烟，千军万马浙江边。官司把断西兴渡，要夺渔船作战船。"《湖州歌》更是从南宋小朝廷投降被俘写起，记述了"杭州万里到幽州"的所历所感，所见所闻："一掬吴山在眼中，楼台累累间青红。锦帆后夜烟江上，手抱琵琶忆故宫。"抒发了去国离乡的凄怆无奈；"太湖风起浪头高，锦柁摇摇坐不牢，靠着蓬窗垂两目，船头船尾烂弓刀"，则是描写身为阶下囚的屈辱和惊惶；"青天淡淡月荒荒，两岸淮田尽战场。宫女不眠开眼坐，更听人唱《哭襄阳》"，反映了人民对统治者昏庸无能的痛恨和国破家亡的悲伤。

汪元量的遗民诗有杜甫的沉郁之风，又融入了他所处的时代所特有的悲愤和苍凉，风格朴素，成为"宋亡诗史"的一部分，诗中记述的史实，往往能弥补史籍的某些缺失。

张炎词风追步姜夔

张炎（1248~1320），字叔夏，号玉田，临安（今浙江杭州）人，是宋代最后一位著名词人。他出身贵族世家，祖上是南宋初年的大将张俊。宋亡前，张炎过着悠闲清雅的公子生活；宋亡后，其祖父被元人所杀，家境亦破落。作为一末路王孙，张炎落拓浪游，也曾北上元都，想在新王朝中谋得一官半职，但终究失意南归，在江浙一带漂流，潦倒而终。

张炎著有《山中白云词》（又名《玉田词》）8 卷，今存词 300 余首，以反映个人生活、身世遭遇为主。早年词作多表现湖光山色、风花雪月，是世家子弟的生活写照；经历家国之变后，他在词中主要抒写国破家亡的伤痛和浪迹江湖的凄苦，词风渐变。如《高阳台》"西湖春感"写西湖春色，却是满目萧索——"更凄然，万绿西泠，一抹荒烟"；《绮罗香》"红叶"写"漫倚新妆，不入洛阳花谱"的红叶，寄寓个人在新朝不得意的感伤；《甘州》"记玉关踏雪事清游"在表现自己的心境时夹杂着亡国之痛——"折芦花赠远，零落一身秋。向寻常野桥流水，待招来不是旧沙鸥……"物换星移的巨大变故通过寻常景物隐曲地表现出来。

张炎作词在艺术表现方面早年学周邦彦，又深受姜夔词风影响，注重音律，字炼句琢，语言清畅雅丽，尤长于写景咏物。如《南浦》"春水"先咏湖水，继咏池水，再咏溪水，将春水写得画意盎然，张炎由此得名"张春水"。又如《解连环》"孤雁"借咏失群孤雁，抒写自己国破家亡后无可归依的孤寂和惊恐，寄情幽远，深入人心，张炎因此又被称为"张孤雁"。张炎晚年所作的《词源》是一部有影响的论词专著，在其中总结了自己一生作词的经验和艺术技巧，主张词要意趣高远，雅正合律；注重"词婉于诗"的抒情性；推尊姜夔词意境的"清空"，并总结了作词的艺术技巧。后人同张炎追步姜夔词风而将二人以姜、张并称。

张炎的词对宋末词坛过分追求绵密浓丽而失之晦涩的词风有补偏救弊的作用，对清初浙西派词人影响显著。

《乐府诗集》结集

从汉到唐五代，乐府歌辞都不断在发展中，到了南宋后期，出现了一本《乐府诗集》，辑录了汉魏到唐五代的乐府歌辞，兼及先秦至唐末歌谣，以及有大量古乐书佚文。此诗集的编者是郭茂倩，南宋后期人，祖籍郓州须城（现山东东平）。

《乐府诗集》共100卷，分12大类。它所收的诗歌大多是优秀的民歌和文人用乐府旧题所作的诗歌，这使它成为一部成书较早、收集历代各种乐府诗最完备的诗歌总集。

《乐府诗集》的重要贡献是将历代题曲按其曲调收集分类，其中大类又分若干小类，这样使许多分散在各种史书著作中容易被忽视的作品得以汇编成书。它将第一种较早出现的"古辞"和诗放在前面，后人的拟作列在后，使读者了解到后人的诗是受到前人民歌或前代文人的影响。

《乐府诗集》对一些已亡佚但曲调对后人有影响的乐曲作了说明，各类有总序，每曲有题解，对各种曲调、歌辞的起源、性质以及演唱时所使用的乐器等都作了较详细的介绍，是研究五代以前音乐歌曲发展的重要资料。

禹

克勤于邦　烝民乃粒
膺受庄邦　禀中允执
恶酒好言　九功由立
不伐不矜　振古莫及

《夏禹王像》，马麟画。马麟利用线来刻划夏禹慈祥
和蔼的形象和内在性格。

汉金音乐集于金宫庭

金代统治者十分仰慕和重视汉族的宫廷礼乐制度，喜好汉族的宫廷音乐，他们在有意吸收汉族音乐文化的同时，力图保存和发展其本族传统音乐文化，建立宫廷音乐文化。

金代的宫廷音乐始于金太祖时期（1115~1122）。太祖十分重视搜集汉族宫廷礼乐文物。当时金统治者往往从攻克的辽国城市中获得乐工和乐器。然而金初的宫廷音乐水平并不甚高。

太宗天会五年（即宋靖康二年，1127），金兵攻入开封，掳去宋徽宗和宋钦宗，并顺便劫走宗室、侍者、乐工等三千多人，乐器、文物两千余车。而早在这年正月，金已向宋索取乐人三千余人，包括教坊乐人、露台祗候妓女、歌舞及宫女、嘌唱、小唱、杂剧、弄影戏、各类乐工等，其中主要是教坊、散乐方面的乐人，而雅乐方面的则较少。另外，金还索取乐器、乐书、乐章、仪仗等无数，使金宫廷音乐的水平有所提高。

皇统元年（1141）熙宗加尊号时，始采用宋的宫廷雅乐；皇统三年（1143），金才有了掌管雅乐的太常寺及其所属的太乐属，设置了太常卿、太常丞、协律郎、太乐令等官员，金代的宫廷礼乐初步建立起来。

世宗、章宗时期（1161~1208），金的宫廷礼乐制度已达到完备，粲然可观。金世宗大定十一年（1171），太常寺参照汉人历代的礼乐制

金代吹笛乐俑

度，拟定《太常因革礼》，确定了宫悬架数；确定了乐典以"宁"为名，命学士院撰制词章；确定了依唐代开元间乐舞顺序，先文舞后武舞等等。据《金史·乐志上》所载，此时的卤簿人数，多达近 1400 人，非常壮观。大定十四年（1174），太常寺采用汉族避讳制度，采用"太和"为乐器名称。明昌五年（1194），金到开封召来宋朝老乐工，重新补制了若干钟磬，使之完备谐和，合乎周、汉以来律制。明昌六年（1195），确定太庙、别庙的堂上乐工 156 人，规模比大定二十九年（1189）的百人编制更为恢宏。这一时期的乐种已很齐备，主要有雅乐、散乐、鼓吹横吹乐，大都沿用宋代乐器和乐制。

金代舞伎俑

当汉族音乐深入金朝宫廷时，引起了金朝统治者的忧虑。金世宗非常热爱并致力于保存本民族音乐，他曾"命歌者歌女真词"，教育皇子皇孙不要忘本，要用心承继女真乐，特别是大定二十五年（1185）他竟在宴会上亲自歌唱女真曲，引动群臣父老都相继歌唱本族传统歌曲。

金朝廷在宫廷音乐方面汉金共重，既能大量吸收借鉴汉族的文化传统，有利于金朝统治的巩固，又能力图保持和发展本民族的音乐文化，使之得到传承，为中华音乐添姿增色。

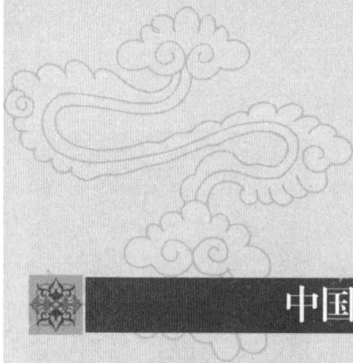

中国阿拉伯数学交流

中国与"西域"各国的接触始于汉代，宋元时得到了进一步发展。尤其是元代蒙古族政权的范围达到中亚、西亚直到阿拉伯和东欧，打破了以往地域界限，造成中西交通的空前盛况，使中国与阿拉伯等国的数学交流进一步发展。

中国数学西传中最突出的是中国"盈不足术"的西传，9世纪阿拉伯数学家花拉子米的著作中已有关于"盈不足"问题的叙述，在10～13世纪一些阿拉伯数学家的著作中，盈不足术被称为天秤术或契丹（即中国）算法。中国数学中的一些著名问题如《九章算术》中的"持米出关"、"折竹问题"、"池中之葭"，《孙子算经》中的"物不知数"，《张邱建算经》中的"百鸡问题"等，都多次出现在10～15世纪阿拉伯数学书中。

1258年，成吉思汗之孙旭烈兀攻陷巴格达，创立了伊利汗国。1259年，根据阿拉伯数学家、天文学家纳速拉丁·徒思的建议，建立了巨大的天文台，经精密观测后编成著名的《伊利汗历》。据《多桑蒙古史》记载，"旭烈兀自中国携有中国天文学家数人至波斯……纳速拉丁之能知中国纪元及其天文历数者，盖得之于是人也"。随着中国天文历法的西传，中国传统的数学知识自然也传入西亚各国。

在数学西传的同时，正处于蓬勃发展时期的阿拉伯数学也有许多内容传入中国。如西域人札马鲁丁撰的《万年历》，"元世祖稍颁行之"。另一西域人马哈麻所作《回回历法》还与《大统历》（即《授时历》）参互使用。阿拉伯幻方也在这时传入中国。解放后我国曾在西安及上海等地出土元代阿拉伯文幻方。此外，阿拉伯人计算乘法的"格子算"也在这一时期传入，后被明代数学家称为"写算"、"铺地锦"。

阿拉伯数字幻方铁板

中国文化传入欧洲

在元代，中国文化通过各种渠道传入欧洲，为推动欧洲各国的发展作出了重大贡献。

威尼斯商人的后代马可·波罗（1254～1324）于1275年到达元朝的上都开平，在中国居住了17年。1295年，马可·波罗在回到故乡威尼斯后口述《东方见闻录》，被人们辗转传抄，称为《马可·波罗游记》。马可·波罗在游记中报道了元朝统治下的这个丝瓷之国生气勃勃的景象，赞扬这个领土辽阔，繁荣富强的国家有着惊人的财宝和出众的新发明。马可·波罗的记述引起了

秀野轩图（部分）。朱德润作。所作为朱之好友周景安的住宅。图中用笔疏秀，笔画苍润清逸，设色雅淡，不愧为朱氏著名之作。

欧洲人的强烈兴趣，1289 年罗马教皇派遣孟高维诺出使中国，在大都传教。此后来华的意大利传教士和商人日益增多，对中国的报导也逐渐成为意大利社会的热门话题，这些都证实了马可·波罗亲眼所见并非子虚乌有。但直到那时，欧洲尚不知中国是造纸、印刷、制瓷和航海罗盘的母国，他们往往以为那是阿拉伯人、波斯人首创的发明。

欧洲人学会了使用火药、火器。欧洲使用火器的最早记录，见于 1304 年意大利北部的伦巴地，1315 年佛罗伦斯也有相似的记载。英国、法国也相继使用火瓶、火罐。1388 年，英法交战时，法国人在卢昂使用了由一磅硝、半磅活硫磺当火药的铁罐，相当于金人的轰天雷。此后，在欧洲战场上进入了使用管形火器的时代。欧洲在使用火器方面一开始便使用铁制铳身发射管。14 世纪，几乎和元末明初在中国战场上大量使用铜制火铳的同时，欧洲也迅速采用了这种新颖的管形火器。

中国式网格地图的绘制和航海罗盘的使用，促使欧洲在 13 世纪末向绘制精密的实用航海地图大大迈进了一步。经过伊朗的传递，网格式地图也曾引起欧洲地理学家的兴趣，意大利的马里努·萨努图在 1306 年他的巴勒斯坦地图上，使用了经纬线交叉的网格画法。大约在 1280 年以后，欧洲代替传统的 T-O 寰宇图的体系，绘有交叉的罗盘方位线和矩形网格的实用航海图。它的实用功能对于正在开拓海外世界的地中海基督教国家起了不可估量的作用。

在元代，最后一股从中国推向欧洲的文化潮在方兴未艾的油画中留下它的踪迹。锡耶纳画派的画家西蒙尼·马尔蒂尼在 1328 年为锡耶纳市政厅会议室所作壁画《基多里西奥·达·福格利安诺》中，吸取了中国山水画的布局。把这位将军置于画幅中央，山寨城堡和营幕帐阵分置两旁，营垒布置吸取了宋代以来建筑描绘中的写实手法所侧重的鸟瞰式界画的形式，栅栏成波状展开，旌旗营帐在山间半隐半现，类似于宋元以来中国版画艺术中的表现手法。而在此之前，在欧洲绘画中很难发现相仿的实例。在马尔蒂尼的其他作品中，还淋漓尽致地描绘出意大利贵族身穿中国绸缎袍服的画面。

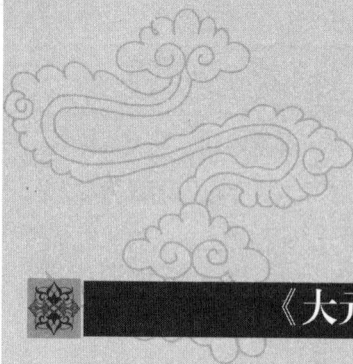

《大元大一统志》编成

大德七年（1303）三月，《大元大一统志》编成。

元朝统一中国后，版图疆域之广阔前所未有。前朝的地理图志已显落后。元世祖遂于至元二十三年（1286）命扎马刺丁、虞应龙等编纂元朝地理总志，于三十一年（1294）完成初稿755卷。后又有《云南图志》、《甘肃图志》、《辽阳图志》，由孛兰肹、岳铉等主持重修，于大德七年（1303）三月完成，共600册，1300卷，定名为《大元大一统志》。此后多年该书藏于秘府，未曾刊行。直到顺帝至正六年（1346）始由杭州刊刻颁行。

《大元大一统志》继承前朝舆地图志成例，所记路、府、州、县事，分为建置沿革、坊郭乡镇、里至、山川、土产、风俗形势、古迹、宦迹、人物、仙释等部门，所引资料，江南各行省大多取材于南宋的《舆地纪胜》等旧志；北方诸省则取自唐《元和郡县图志》、宋《太平寰宇记》等旧志；边远地区的材料主要来自当时新编的云南、甘肃、辽阳图志等。

《大元大一统志》内容广泛，叙事详备，是中国古代最大的全国地理总志。该书已散佚，只存赵万里辑本10卷。

白朴作《梧桐雨》

白朴（1226～1306），元代杂剧作家，为元曲四大家之一。字大素，号兰谷，初名恒，字仁甫。隩州（今山西河曲附近）人。他自幼聪慧，善于默记，早年习诗赋，父亲白华曾任金朝枢密院判官。白朴幼年时逢金国覆亡，饱经战乱，幸有金末诗人元好问多番扶持并加以教育，得以具备较高的文学修养。金亡后，

白朴随父依元名将史天泽，客居
当时北方重要的戏剧演出点真定，
后又漫游大都（今北京），与关
汉卿一同参加过玉京书会，并到
过汴梁（今开封）、杭州等戏剧
演出较盛的城市，终身未仕。白
朴一生作有杂剧16种，现存《墙
头马上》和《梧桐雨》两种，都
是元杂剧中的优秀作品。

《梧桐雨》全名《唐明皇秋
夜梧桐雨》。根据唐人陈鸿《长
恨歌传》改编而成。标目则取自
白居易《长恨歌》"秋雨梧桐夜
落时"诗句。该剧叙述的是唐明
皇与杨贵妃的故事。前三折写唐
明皇在唐朝进入"开元盛世"后，

杂剧演出图（壁画）。其中身穿红袍，双手执笏板
的可能就是忠都秀（主要演员的艺名）。

自以为天下太平，宠爱杨贵妃，长生殿上，沉香亭舞霓裳，朝歌暮宴，荒废朝政，
导致"西风渭水，落日长安"的败象和六军诛杀杨贵妃而"君王掩面救不得"
的惨景。通过舞台艺术形象表现了封建王朝盛极而衰的历史过程。后一折根
据《长恨歌》"春风桃李花开日，秋雨梧桐叶落时"的诗意，通过细致的心
理刻划来表现人物的精神面貌，把唐明皇忆旧、伤逝、相思交织搅扰的心理
和雨打梧桐的凄凉萧瑟的氛围融为一体，形成一种诗剧的境界。

白朴的《梧桐雨》最富于时代特色。通过唐明皇的形象和遭遇，概括了
一代王朝兴亡的变化。作品既保留了对李、杨爱情的欣赏和同情，又根据作
者自己的时代感受，加强了对李、杨骄奢淫逸的批判力度。在李、杨爱情故
事背后，隐藏着国家兴亡的重大主题，剧中弥漫着的那种人世沧桑的感伤情调，
就带有金亡国的时代特征。这也成为《梧桐雨》的一个重要艺术特色。

《梧桐雨》是白朴的代表作。全剧结构层次井然，曲词文采飘逸而又本
色自然，诗意浓厚，具有强烈的艺术感染力，对后来的戏曲影响很大。

任仁发画《二马图》

任仁发（1254～1327），字子明，号月山道人，上海松江人，官至浙东道宣慰副使，是元代著名的水利专家，一生中曾主持修建了许多大型水利工程，并著有《浙西水利议答录》10卷。

任仁发的绘画深受元初"崇唐"文艺思潮的影响，他的工笔人物、花鸟、

《张果见明皇图》，描绘了《明皇杂录》记载的唐明皇李隆基与神话传说中的八仙之一张果老相见的情景。画中人物神态刻划入微，衣纹作游丝描，笔法精工，是任氏人物画精品。

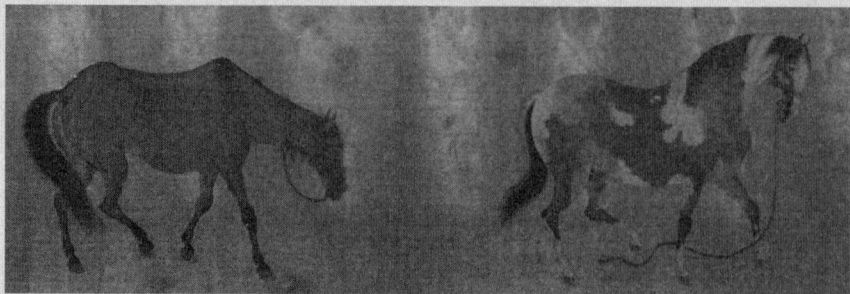

《二马图》，此图用笔简劲有力，画风细腻，设色明丽，是任氏别具匠心的优秀之作。

人马皆得唐人笔意，尤其擅长画马，他的人马画可与赵孟頫相媲美。他画马学习了韩幹，画风精细规整，着色明丽秀雅。他的传世佳作有《出圉图》卷、《张果见明皇图》卷等。他的最有代表性的作品是为后人所称道的《二马图》卷（故宫博物院藏），画中的马一肥一瘦，是用来讽谏"肥一己而瘠万民"的贪官，讴歌"瘠一身而肥一国"的廉臣，用图画生动地揭露出了官场中的黑暗。

任仁发的《秋水凫鹥图》轴的画风精密细致，色彩清艳，在盛行墨笔写意花卉的元代也是一幅少见的佳作。

元编政书《元典章》、《元经世大典》

元代官修的《元典章》和《元经世大典》，主要汇编元文宗至治元年（1330）以前的政令文书、法律格例，做为官吏遵循的依据，故被历史学家称为政书。

《元典章》是元成宗至治二年（1322）以前元朝法典、规章的分类汇编，全名《大元圣政国朝典章》。全书分诏令、圣政、朝纲、台纳、吏部、户部、礼部、兵部、刑部、工部十大类，共2391条，记事到延祐七年为止。全部内容由元朝的原始文牍资料组成，对元朝政治、经济、文化、社会生活的各个方面部有详细、系统而生动的记载，反映了当时复杂的阶级和社会矛盾及社会心理、风习的特点。书中抄录很多圣旨和中书省、御史台的文件，是元朝最高统治集团议诀政务的第一手材料，从中可领会元朝政府处理政务的准则、方法和过程。《元史》和其他史籍中的许多记载能在《元典章》中找到出处或得到明确的印证。

《元典章》文体独特，书中词讼文字常用口语，官方文件则使用以口语硬译蒙古语的特殊文体。而一股的则使用书面语。有时同一文牍中混用几种不同文体。书中元代俗体字很多，从中可看到当时社会上企图简化汉字的自发趋向。

《元经世大典》又名《皇朝经世大典》，元文宗至顺元年（1330）由奎章阁学士院负责编纂，次年五月修成。全书880卷，目录12卷，附公牍1卷、

《元典章》（清代影抄元刻本）

纂修通议1卷。该书体例比唐、宋会要有所创新，全书分10篇，篇下有目，各篇、目之前都有叙文说明其内容梗概，这种编纂方法比唐、宋会要要好，使读者容易理解其宗旨。此书已遗失，今天所见的内容只有《永乐大典》残本中存留的一部分。存留的文字内容涉及市采粮草、仓库、招捕、站赤、海运、高丽等事，是研究元代经济、政治、军事、中外关系的珍贵资料。

两部官修政书保存了元代社会的各种史料，内容详细、集中，它生动具体地反映了元代政治体制的运转过程和社会、阶级、经济生活的全貌，是史学工作者不可或缺的原始文献。

元英宗制订元律

　　至治三年（1323），英宗硕德八剌命人根据仁宋时纂集的累朝格例（即《风宪宏纲》）为蓝本，制订新法。不久即告完成，称之为《大元通制》，同年二月颁行天下。这是元代制订的最为完整、系统的法典，是元代法律的代表作。

　　《大元通制》共2539条，例717，条格1151，诏赦（敕或制）94，令（别）类577。其中条格所占篇幅最多，分为27个篇目，有祭祀、户令、学令、选举、宫卫、军防、仪制、衣服、公式、禄令、仓库、厩牧、关市、捕亡、赏令、医药、田令、赋役、假宁、狱官、杂令、僧道、营缮、河防、服制、站赤、榷货等，共分30卷，主要是经皇帝亲自发布，或直接由中书省等中央行政机关颁发给下属部门的政令，与唐宋法律中令、格、式大体相同。断例即为律文，共有11篇，篇名与唐律及《泰和律》完全相同，包括卫禁、职制、户婚、厩库、擅兴、贼盗、斗讼、作伪、杂律、捕亡、断狱。诏赦只是唐、宋、辽、金之敕，唯一作用是供查考、参照或修史之用。只有"条格"和"断例"才是"有司奉行之事"。

　　在具体内容上，《大元通制》主要有如下三个方面规定：

　　一是从法律上肯定了民族歧视、压迫政策。元代法律将境内不同民族分为4等：蒙古人、色目人、汉人、南人，并规定这4个等级在法律上所分别享有的地位与权利。如蒙古贵族可以占有大量奴婢，还可以随意处置奴婢，奴婢不得反抗，否则都要处死。蒙古人若因争吵或乘醉打死汉人，只"断罚出征，并全征烧埋银"；反之，汉人若殴打或打伤蒙古人与色目人，即使有理，也要处死刑，并照赔烧埋银。法律还明文限制汉人的权利，如严禁汉人持有兵器，禁止汉人习武甚至打猎、养马，禁止汉人生产、制作可以充当武器的农具及家用器具，等等。

　　二是确立了佛教僧侣在法律上的特殊地位。各宗教教派及教士、神职人员在司法管辖上有相对独立的权力，并在经济上给予佛教寺院大量特权，保护其经济利益。元代法律规定，一般僧官、僧侣犯罪，不受普通司法机关管辖，而是由宣政院、各行省宣政院以及专门设置的"僧司"等衙门管辖。如不同宗教、不同教派之间发生冲突，一般司法机关不得干预。

三是确立元代的刑法与诉讼法制度。元代继续沿袭唐宋以来的封建五刑体制，不过稍加变动。五刑即笞、杖、徒、流、死5等刑罚。在元代法律中，笞、杖刑都分为5等，以7为尾数；徒刑分为7等，自徒一年起，每等递加半年，最高为5年半；流刑分3等：2000里、2500里、3000里；死刑有绞刑、斩刑两种。诉讼制度开始形成一定程序和规范，并在法律中确认下来。

乔吉精于散曲

乔吉（？～1345），字梦符，号笙鹤翁，又号惺惺道人，太原人，侨居杭州，是元代著名的杂剧、散曲作家，一生创作了许多杂剧和散曲，艺术成就较高，尤其精于散曲。

他的《金元散曲》中辑存其小令200余首，套曲11首，其散曲集《文湖州集词》1卷，明人李开先辑《乔梦符小令》1卷，任讷《散曲丛刊》中有《梦符散曲》。他精于音律。散曲作品以婉丽见长而锤炼精工，与张可久的风格接近，明清人常以二人相提并论，而乔吉风格更为奇巧俊丽，不仅善于引用和化用前人诗句，而且不避俗言俚语，因而收到雅俗共赏的艺术效果。内容则多为其客居异乡、穷愁潦倒生活经历的写照。同时，啸傲山水，寄情声色、诗酒也是其散曲的重要内容，在很大程度上表现了他的消极颓废思想。其代表作如《水仙子·重观瀑布》："天机织罢月梭闲，石壁高垂雪练寒，冰丝带雨悬霄汉，几千年晒未干。露华凉，人怯衣单。似白虹饮涧，玉龙下山，晴雪飞滩。"想象奇特大胆，词句诡丽，出奇制胜地描写了瀑布的壮观景象。而其许多作品又以生动浅白的语言入曲，用社会生活中的常见事物作巧妙的比喻，继承前期散曲作家俚俗直率的传统，形成了独特的艺术风格。但他写情必极，貌似写意，用辞必穷，追求新奇，过于纵情，且有些俳优习气，不免失之浅俗，这是其散曲创作的缺陷。

乔吉所创作的杂剧存目 11 部，有《杜牧之诗酒扬州梦》、《李太白匹配金钱记》、《玉箫女两世姻缘》传世，这些作品保存于《元曲选》、《古名家杂剧》和《柳枝集》中。这些剧作都是以爱情、婚姻为题材的，《扬州梦》以杜牧"十年一觉扬州梦，赢得青楼薄倖名"的诗句命意，截取其《张好好诗》的一些细节，虚构了杜枚与妓女张好好的恋爱故事，并十分生动地再现了商业城市扬州的繁华景色；《金钱记》以华美工细、富有藻饰的文学语言，叙写了韩翊与柳眉儿以私情开始，最后奉旨完婚的恋爱婚姻故事；而取材于唐末范摅《云溪友议》的《两世姻缘》，不仅写出了妓女玉箫与韦皋两世才得以结为夫妇的曲折恋爱经历，诚挚感人，而且表现了玉箫沦落青楼的痛苦经历，在一定程度上，从某一侧面反映了当时的社会生活情景。乔吉这些剧作虽仍是以传统的才子佳人的风流韵事为题材，但立意新巧，曲辞秾丽，艺术成就较高。

声乐专著《唱论》成书

元代，声乐专著《唱论》成书。

《唱论》是专门讲述声乐艺术理论的专著。在我国，声乐艺术理论出现很早，据《乐记》记载，春秋时期乐工师乙曾向子贡谈到人的性格与唱歌曲目类型的关系。元代，则《唱论》成书，它是在艺术高度发展的基础上形成的。

按照《唱论》本身的记载，作者是燕南芝庵。燕南应该是籍贯，芝庵可能是芝庵斋，即指庵室，而作者的真实姓名和生平事迹史书没有明确记载。由于《唱论》最初附刊在元代散曲总集《阳春白雪》的篇首，因此可以肯定是元代著作。

《唱论》的篇幅并不长，也没有分卷。内容绝大部分是十分具体的声乐方法，可能是根据演唱实践和技艺传授过程中总结出来的检验条文。但是这些条文过于简单，并且杂有不少方言俗语和专业行话，令今人难于理解，当然有些原则今天看来仍不无裨益。除了列举具体的声乐方法，《唱论》还提到古代善唱者三人，知音律帝王五人，道、僧、儒三家所唱特点以及"大忌郑卫淫声"等史实和论点。

《唱论》特别强调人声的自然和动人魅力。它引用了晋人"丝不如竹，竹不如肉"的观点，对后世影响深远。此外还引用了白居易诗里表露的观点："取来歌里唱，胜向笛中吹。"

关于宫调，《唱论》指出在当时就有 6 宫 11 调，即有 17 宫调之分，并且各有特性。此外，《唱论》指出：要掌握歌曲的不同格调、节奏；注意歌声的起始、过渡和收尾；注意声腔的丰富多彩和换气的各种技巧；在技艺传授中，要区别受教者的声音及性格特点，要扬长避短，做到恰如其分，等等。这种在实践中深刻观察的成果，对今天的声乐教学仍很有价值。

《唱论》指出歌唱艺术要多练，所谓"词山曲海，千生万熟"，是十分正确并且具有很强的现实意义。

高明所作《琵琶记》上演

明代抄本《琵琶记》

高明（？～1359），字则诚，号菜根道人，温州瑞安（今浙江瑞安）人。早年乡居，后来热衷科举，中进士做了官，但仕途并不亨通。他性情耿直，不趋炎附势，解官后归隐在宁波南乡的栎社，以词曲自娱。他知识渊博，工诗文、词曲，《琵琶记》就是在这一时期（至正十六年，即 1356 年后）完成的。

《琵琶记》是民间流行的故事，南宋时就已成为民间讲唱文学和戏文的题材。主要内容是书生蔡伯喈不顾

父母，遗弃妻子，结果被
暴雷震死。高明的《琵琶记》
根据民间戏文改编，在内
容上做了大改动。讲书生
蔡伯喈去京城赴试，中了
状元，因牛丞相要招他做
女婿，被迫重婚，妻子赵
五娘在天灾人祸中，罗裙
包土替公婆筑坟，然后一
路行乞进京寻夫，因牛氏
贤德，最后一夫二妻大团
圆。

　　作者在开场的曲子里
提出了"不关风化体，纵
好也徒然"的文学创作主
张，要观众对《琵琶记》"只
看子孝共妻贤"，宣扬了
封建伦理道德。作者为蔡
伯喈安排了一个他不肯赴

明人演《琵琶记》图

试，父亲不从，他要辞官，皇帝不从，他要辞婚，牛丞相不从的"三不从"
情节，想通过这个人物来宣扬封建孝义，但对他的思想挖掘不深，很难辩护
他的许多不负责任的行为，强行捏合一些细节，在戏剧情节发展的过程中，
出现了一些漏洞。

　　《琵琶记》的出现是元末明初南戏振兴的标志之一，是南戏由民间文学
过渡到文人创作的转折点，它的艺术成就表现在结构方式、心理描写、语言
运用方面。

　　《琵琶记》的结构方式很有特色。全剧有两条线索，一是蔡伯喈求取功
名的遭遇，二是赵五娘在灾荒中的遭遇，两条线索互相交错发展，到剧末融
合在一起。作者一方面写蔡伯喈陷入功名，享尽荣华富贵；另一方面写赵五

娘担负家庭生活的重担，苦不堪言。这两种处境形成了鲜明的对比，暴露了社会贫富悬殊和苦乐不均的社会矛盾，加强了悲剧性的戏剧冲突。

《琵琶记》描写人物的心理活动非常细致入微。在"糟糠自厌"的场面里，赵五娘因生活困苦不得不吃糠，因糠难于下咽而以糠自比，由自己的悲惨命运想到杳无音讯的丈夫，这是在封建制度下不能掌握自己命运的妇女的自白。

在语言的运用上，不论是曲和白，都善于用口语来揭示不同人物的思想感情，将心曲隐微刻写入髓，委婉尽致。人物由于身份、地位的不同，语言风格也不一样，切合他们的气质。牛丞相、牛氏和蔡伯喈的语言比较典雅，而赵五娘、张广才则较朴实。

《洪武正韵》编成

明洪武八年（1375），乐韶凤、宋濂等人奉敕纂成《洪武正韵》一书。它对传统韵书持批评态度，认为"韵学起于江左，殊失正音"，应该用"中原雅音"（即北方官话音）来定正旧音，故又名《正韵》。

《正韵》共16卷，它是在《礼部韵略》、《中原音韵》的基础上，根据当时的官方实际语音总结而成。该书声调仍保留平、上、去、入四声，声中分部，共76部。

平声22部：东、支、齐、鱼、模、皆、灰、真、寒、删、先、萧、爻、歌、麻、遮、阳、庚、尤、侵、覃、盐。

上声22部：董、纸、荠、语、姥、解、贿、轸、旱、产、铣、筱、巧、哿、马、者、养、梗、有、寝、感、琰。

去声22部：送、置、霁、御、暮、泰、队、震、翰、谏、霰、啸、效、箇、祃、蔗、漾、敬、宥、沁、勘、艳。

入声10部：屋、质、曷、辖、屑、药、陌、缉、合、叶。

由此可见，它的平、上、去三声是一脉相承的。因此，如果不计声调，实际上只有22韵。这和元代熊忠的《古今韵会举要》在声类、韵类方面的划分十分接近。

《洪武正韵》以当时的读书音为根据，而读书音因袭性、保守性较大，保存了一些旧有的东西，因而与以当时的口语即说话音为反映对象的《中原音韵》有一定的差距。如《正韵》平声不分阴阳，且保留了入声，而《中原音韵》则"入派之声"，平分阴阳。

《洪武正韵》作为明代影响较大的音韵书仍有其价值，主要表现在它一定程度上反映了当时北方官话的实际情况，对汉语官话的形成过程的研究有一定作用。此外，《正韵》在当时的曲艺界有很大的影响，南曲作家、艺人对它较为推崇，以它作为曲韵协律的标准。"北主《中原》，南家《洪武》"就是南方戏曲界以《正韵》为其曲韵协律标准的证明。但明清学者多批评它不南不北，不古不今。

潮州音乐发展

　　潮州音乐是一种古老的综合性器乐合奏乐种，又包括有大锣鼓、小锣鼓、弦诗乐、细乐、庙堂音乐等多种，潮州音乐的渊源，可以追溯到明代，它是宋元南戏在潮州的支脉，即孕育了白字戏的正字戏（以用中州语音得名），存在着密切的交流并行关系。潮州音乐最具特色的乐器是唢呐，潮州二弦，深波（宽边大锣）。此外还有多种管弦乐器和打击乐器，因类别不同而有不同的组合。唢呐分大小两种，音色柔和细腻，是锣鼓乐的主奏乐器，二弦明亮高亢，是弦诗乐的主奏乐器，大锣鼓、小锣鼓在室外广场演奏；源于古乐诗谱的弦诗乐、细乐（独奏或小合奏、包括筝乐），庙堂音乐在室内演奏。大锣鼓宏伟粗犷；小锣鼓欢快活泼；弦诗乐、细乐典雅清丽；庙堂音乐和宗教仪式有关，也吸收民间歌曲。潮州音乐的演奏，规模有大有小，小的三五人也可，多时如锣鼓班在节日或旧日游神赛会时可达百人以上。

　　潮州音乐中有的和潮剧音乐关系密切。潮剧在明代称潮州戏，潮州音乐受到潮州戏的影响，有的结构十分复杂，传统曲目有《薛刚祭坟》、《关公过五关》等。

　　潮州音乐流行于广东潮州汕头及其迤东迤北乃至闽南龙岩等地，潮州音乐，是值得珍视的中华音乐文明艺苑中的古老品种之一。

《高山流水》发展成熟

　　中国古琴曲《高山流水》发展到明清以后趋向成熟，并以其形象鲜明、情景交融而广为流传。

战国时已流传有关于《高山流水》的琴曲故事，并传为伯牙所作。但《高山流水》乐谱最早见于明代《神奇秘谱》。此谱之《高山》、《流水》解题有："高山流水二曲本只一曲。初志在乎高山，言仁者乐山之间。后志在乎流水，言智者乐水之意。至唐分为两曲，不分段数。至宋分高山为四段，流水为八段。"明清以来，随着琴的演奏艺术的发展，《高山》、《流水》有了很大的变化。《神奇秘谱》本不分段，而后世琴谱多分段。明清以来多种琴谱中以清代唐彝铭所编《天闻阁琴谱》中所收川派琴家张孔山改编的《流水》尤有特色，又称"七十二滚拂流水"，此曲形象鲜明，情景交融，琴家多据此谱演奏。

另有筝曲《高山流水》，音乐与琴曲迥异，为另一乐曲。

花鼓表演遍及中原

花鼓作为中玉民间歌舞，在明代表演遍及中原诸省。

花鼓又称打花鼓、花鼓子、地花鼓等。最早记载是南宋临安百戏艺人表演花鼓，表演时一般是一男一女相配合，男执锣、女背鼓以锣鼓伴奏、边歌边舞，曲调是在当地小调和山歌的基础上发展而成，曲调流畅，节奏鲜明，富有歌唱性和舞蹈性，南宋时花鼓主要是在一些节日里伴以秧歌、花灯等表演。

到了明代，花鼓得到较大发展，不仅在一些大型节日如元宵节时演唱，而且在其他一些小的节目里，人们认为应该庆贺的日子都可演唱。花鼓的种类繁多，因地而异，风格不同。主要表演遍及中原的一些地区，形成了以下几个流派，一是安徽花鼓，以凤阳最具代表性，又称凤阳花鼓，《王三姐赶集》是其代表曲目。二是山东花鼓，流行于聊城、淄博等地，其调和山东民歌相似，具有欢快活泼的特点。三是湖南、湖北花鼓，流行于长沙、岳阳、浏阳、襄阳、随州等地，如花鼓调有《十绣》、《绣荷包》等几种。四是陕西、山西的花鼓，流行于商洛、紫阳、沁县、万荣等地，其花鼓种类多，动作雄劲有力，灵巧传神，鼓点准确清脆。

由于花鼓种类繁多，明代时不同地区有其独特的风格特点，使得花鼓表演遍及中原，得到较大交流发展，作为民间歌舞至今仍在民间广泛流传。

中国版画进入繁荣时期·版画各流派出现

　　明代是中国版画艺术的黄金时代，这一时期版画艺术随着雕版印刷的普及和市民文学的发展，呈现出相当繁盛的局面。官办的刻印业与民间印书坊肆并行发展，印书业的发展带来版画艺术的繁荣，版画插图的种类和数量日益增多，这些插图对传播知识起了重要的作用，尤其是增强了文学艺术作品的感染力。明代版画在文人、书商和刻工的努力经营下繁荣发展，出现了风格迥异的版画流派，为后世留下一批珍贵的版画杰作。

　　明代版画艺术的发展有以下几方面的特点：一是刻工精细。当时的雕刻工匠对自己的作品认真之至，一版完工后见有一二处不合意即碎版重刻。另外，由于各地书坊林立，雕工在技艺上竞相较量，这种竞争的风气促使工匠在雕刻技艺上精益求精，版画艺术随之迅速提高。二是版画的内容丰富，除宗教性版画外，欣赏性版画大大兴起，小说、戏曲、传奇、地理、谱录都有大量版画插图，画谱逐渐流行，木版年画和木刻连环画也开始形成。当时出版的一些重要的文学作品如《西厢记》、《水浒》、《牡丹亭》、《玉簪记》等都有大量插图，而且图文并茂。除文学作品外，有关科学知识的书中也有不少精美的版画插图，如明朝万代年间的《万宝全书》。这是一部民间常识性的百科知识小丛书，内分天文、地舆、节令、医术、卜相、琴学、书画等30多个门类，每一门类都有大小不等的插图，这些图解增强了书的可读性，也扩大了其影响面。此外，一些地方志和工具书的雕版插图在明代也应有尽有。明代版画艺术发展的第三个特点是彩印技术发达，制作了大量书画谱。《十竹斋书画谱》、《萝轩变古笺谱》、《芥子园画传》等都是中国版画史上的杰作。这种能按原画的笔墨浓淡、设色深浅的变化，以水印来印成五彩的套色版画，开历史彩印的先河，在世界印刷史上占据重要地位。此外，这一时期还出现

明代高松画谱

一种大型的巨幅木刻。现在发现的有《石守信报功图》等作品，都是纵横在二三百厘米以上的画面，结构宏伟，气势磅礴。

明代书坊林立，版画艺术在竞争中形成了各种流派，它们具有各自的地方特点和个人风格。明代版画的主要流派有新安派、建安派、金陵派和武林派。新安派又称徽派，以安徽歙县为中心，以刻制精工闻名于世。当地黄、汪、刘、郑、鲍诸家刻工代有相传，名手辈出。其中黄氏刻工最为著名，父子兄弟相传达十辈之久，形成数百人以刻版为业的专业队伍。他们既有艺术才能，又能勤勤恳恳以刀版为业，他们的智慧与勤劳使中国版画出现了由粗略向精美、由古朴向秀丽的转折。新安派版画的风格精细秀美，其传世作品有《养正图解》、《古烈女传》、《金瓶梅》、《琵琶记》等插图。建安派以福建建阳为中心，这一派大多为民间工匠所为，文人画家参与其事者不多，较多地保存了民间艺术真率质朴的风格。金陵派以江苏南京为中心，所刻以戏曲、小说为多。金陵刻工精巧的代表作有魏少峰《三国演义》、刘希贤和张承祖刻《金陵梵刹志》、陈聘洲等刻《西厢记》，套色凸版《十竹斋笺谱》为金陵版画增添了异彩。武林版画以浙江杭州为中心，杭州风景秀丽，山水名胜吸引着文人画士，武林版画的内容因此偏重于景物的描写。

版画是明代艺术中最为发达的一种，它附属于印书业而发展，对普及文化和科学技术起了重要作用。版画艺术的发展需要绘、刻、印三方面技术的配合，各地的画家、刻工和书商合作创制版画，在交流与竞争中，形成了具有地方特色和个人风格的艺术流派，使中国版画艺术在明代进入鼎盛时期。

张居正请毁天下书院

万历七年（1579）正月，大学士张居正对士大夫四处争相讲学十分痛恶，奏请明神宗毁天下书院。

嘉靖、万历年间，各地兴建书院蔚然成风，主要有正学书院、夏初书院、龙津书院等。士大夫们争相在各学院讲学传道，创立学派，并利用讲学之机议论朝政，引起朝廷不满。嘉靖十六年（1537）四月，明世宗曾诏令罢各处私立书院，但令下不力，书院仍繁。万历七年（1579）正月，原常州知府施观盘剥民脂私创书院，获罪革职闲住。对士大夫讲学议政十分不满的张居正借机上疏明神宗，奏请将天下书院一律改成官吏办事处司衙门。明神宗于是在二十二日诏令各地巡按御史和提学官切实查访，将各省所有私建书院都改为诸司衙门，书院所有粮田查归里甲，各地士大夫不得借机集会扰害地方。诏令下达后，各地官府先后毁坏应天等府书院共 64 处。

徐渭作《四声猿》

明代，剧作家、文学家徐渭创作杂剧《四声猿》。

徐渭（1521 ~ 1593），字文长，晚号青藤道士，山阴人。他工书法，善绘画，亦长于诗词戏曲，且多奇计。但终生遭遇坎坷。早年屡试不第，中年为浙闽总督胡宗宪幕僚。后因胡宗宪政场失利，受牵连而一蹶不振，但却不能阻止他文学才能的显露。他反对当时很风行的前后七子的复古主张，认为复古只是"徒窃于人之所尝言"，而应该创新，"出于己之所自得"，他的这些主张一直影响到后来的汤显祖和"公安派"的袁宏道。他在诗歌方面的成就以七古、七律为代表。七古富有气势，兼带李白的飘逸和李贺的险怪，如《观猎篇》等，而七律则用词简练，如《孙忠烈公挽章》等。

最能体现徐渭文学成就的当属他创作的杂剧《四声猿》。《四声猿》是四部杂剧的总称，包括《狂鼓史渔阳三弄》、《玉禅师翠乡一梦》、《雌木兰替父从军》和《女状元辞凰得凤》，其中《狂鼓史》写的是祢衡被曹操杀害后，在阴间判官的怂恿下，面对曹操的亡魂再次挑战，痛斥曹操一生中的全部罪恶。作者通过祢衡对曹操的问罪方式的痛骂来揭露封建社会奸相的丑恶嘴脸，用词犀利，令人拍案，目的还是要借古讽今，发泄自己心中的不得意。《玉禅师》讲述的是玉通和尚意志不坚定，临安府尹柳宣教稍微一使计，便破了色戒。为报复他人，他来世投胎作了柳氏女儿，不幸又沦为风尘女子，

徐渭石刻像

《四声猿》插图（明·万历）

在师兄月明和尚的指点下，重新皈依佛门，揭露了和尚们奉行禁欲主义之虚假，借以宣扬佛教的轮回报应说。《雌木兰》故事来源于乐府诗《木兰诗》，叙述木兰女扮男装，替父从军的故事，只是另外还增添了嫁王郎一段，使故事情节更为完满。《女状元》讲述五代时才女黄崇嘏女扮男装，进京赶考，最后中状元的故事，和《雌木兰》合在一起，从文武两方面对女子的智慧和勇气进行赞扬。

徐渭的《四声猿》对以往的杂剧有所突破。以往的杂剧均采用一本四折的形式，而《四声猿》所包含的四剧，长短不一，从一折到五折都有。另外，以往的杂剧基本上属于北曲的范围，而《四声猿》中的《女状元》一剧，全用南曲写成，开创了用南曲写杂剧的先例。他写作的杂剧，不仅是为演出而作，而是带有很浓厚的现实意味，借故事的叙述来反映当时人们反抗压迫，反对封建礼教束缚的强烈愿望。

徐渭《菊竹图》轴

《金瓶梅》成书

长篇小说《金瓶梅》是明代小说中的"四大奇书"之一，约成书于明隆庆至万历年间。作者真实姓名不可考。从所署"兰陵笑笑生"一名来看，作者大约是山东人。因兰陵今属山东峄县，且书中存在着大量的山东方言。《金瓶梅》的版本可归纳为两个系统：一是明万历丁巳（1617）年间"东吴弄珠

《金瓶梅》书影

客"序的《金瓶梅词话》系统；一是明天启（1621～1627）年间《原本金瓶梅》系统。前者与原书的本来面日更接近。

《金瓶梅》借用《水浒传》中的一个枝节——西门庆与潘金莲的关系，由此生发开去，铺衍成一部借宋代的人物和故事展示明中叶广阔社会现实的百回长篇。全书以富商、恶霸、官僚西门庆一家的兴衰荣枯为中心，描绘了上至封建朝廷中专权的奸臣，下至地方官僚恶霸乃至市井无赖、地痞帮闲的鬼蜮横行的世界，深刻地展示了世态人情，暴露了现实黑暗。

西门庆是封建时代市侩势力的代表人物。他本是个破落财主，生药铺老板，既善钻营，巴结权贵；又心狠手辣，巧取豪夺，于是"发迹有钱，专在县里管些公事，与人把揽说事过钱，交通官吏，因此满县人都怕他"。在地方上，他不择手段聚敛财富，开了几个店铺，又与"帮闲抹嘴不守本份的

《金瓶梅》插图：潘金莲殴打如意儿

《金瓶梅》插图：王婆子贪嘴说风情

人"结拜兄弟，横行一方。在官场上，他"与东京杨提督结亲"，又贿结宰相蔡京为义父，并与太尉、巡抚等权贵有私交。由于有官府作靠山，所以尽管西门庆坏事做尽仍然左右逢源、步步高升，由一介乡民升到了山东理刑正千户的官职。在家庭中，他的一妻5妾多由诱奸拐骗而来。为了满足自己贪得无厌的享乐欲望，他仍不断与婢女仆妇发生淫乱关系，并霸占良家妇女，干了不少伤天害理之事，终至纵欲暴亡。西门庆身上集中了明中叶以后由地方、恶霸、商人组成的市侩势力的丑恶特点：凶狠、贪婪、野心勃勃而且恬不知耻。西门庆的一段话很能体现这些特点：在捐款助修永福寺后，他对吴月娘说："咱闻那佛祖西天，也止不过要黄金铺地，阴司十殿，也要些楮镪营求，咱只消尽这家私，广为善事，就使强奸了嫦娥，和奸了织女，拐了许飞琼，盗了西王母的女儿，也不减我泼天富贵。"这话是以金钱为主宰的社会的一种肆无忌惮的心态反映，也表明西门庆这样的金钱占有者撕去了虚伪的封建教义，以非凡的野性力量和进攻姿态谋求建立和巩固自身的社会地位。由此可见明中叶以后地方豪绅富商与权贵官僚勾结，欺压人民，无恶不作的社会黑幕。

小说中对西门庆家庭的描写，也有社会暴露的意义。西门庆的一妻五妾因争风吃醋，彼此勾心斗角，互相陷害，使尽了卑鄙残酷的手段。这些错综复杂、激烈尖锐的矛盾斗争，是封建社会中尔虞我诈、争权夺利的丑剧在另一场合的上演。西门庆家庭的兴衰荣枯，亦生动地再现了封建社会后期婚姻制度、家庭制度、奴婢制度和私有财产制度；同时，展示了人情冷暖、世态炎凉，反映了封建社会中人际关系的虚伪和冷酷。但是，小说对西门庆家庭生活中腐朽糜烂的情形恣意渲染，尤其是津津乐道地展开大量污心秽目的色情描写，既使小说的美学价值受到损害，又为后起的淫秽小说开了不良先例，并产生了有害的社会影响。

《金瓶梅》的艺术成就大都具有开创性的意义。在人物塑造方面，《金瓶梅》注重人物性格描写，使之复杂化，具立体感。主要人物西门庆既狠毒又阴险，谋财害命时毫不手软、诡计多端。潘金莲淫荡、好妒亦心狠手辣。一些配角也给人留下鲜明印象：应伯爵趋炎附势的帮闲嘴脸；吴月娘工于心计、后发制人的深沉；孟玉楼从容闲雅的大家气派；李瓶儿小家碧玉式的温厚可人，等等，都跃然纸上。在语言运用方面，《金瓶梅》以日常口语叙事状物，生动传神，风格平实朴素又泼辣爽朗，人物语言亦充满个性化。在结构形式方面，《金瓶梅》兼取《西游记》的单线式结构和《三国演义》、《水浒传》的组合式结构，造成一种网状结构——将分散的世相人情通过西门庆一家的兴衰史联系起来，形成意脉相连、浑然一体的广阔社会生活图景。此外，《金瓶梅》大量描写了日常生活场面，对当时的饮食、服饰、器玩及西门庆一家的日常起居都作了细致的描写，这些细节的真实描写使小说具有浓厚的生活气息。

《金瓶梅》是中国文学史上第一部由文人独创的长篇小说。在此之前，长篇小说都是由作家在民间说讲故事的基础上加工提炼而成。《金瓶梅》之后，文人创作逐渐取代了宋元"话本"而成为小说创作的主流。《金瓶梅》又是第一部以家庭生活为题材的古典长篇小说。它结束了此前章回小说大多取材于历史故事和神话传说的局面，开创了以现实社会及家庭日常生活为题材、着重描摹市井世俗情态的"世情小说"的先河。《金瓶梅》在题材、写实手法和细节刻划等方面都明显地影响了后来的《红楼梦》。

顾炎武编《天下郡国利病书》

崇祯十二年（1639），顾炎武开始编撰明朝地方志书辑录《天下郡国利病书》。

顾炎武（1613～1682），字宁人，初名绛，曾自署蒋山佣，学者称亭林先生，明末清初江苏昆山人。早年曾参与"复社"反宦官权贵斗争。顺治二年（1645）清兵南下，参加苏州、昆山保卫战。后往山东、河北、山西、河南等地实地调查。其学识广博，于天文、历算、舆地、音韵、金石、考古等均有深湛研究，是清代朴学之开山祖。一生著述甚丰，《天下郡国利病书》、《日知录》为其代表作。

《天下郡国利病书》是作者根据"经世致用"观点，按明朝行政区分类汇集资料，并从明朝地方志中辑录有关各地民生利害、政治经济利弊、军事得失等部分编撰而成，其目的在于鉴往知来。该书从其收搜资料至粗略成书，费时 20 余年，后仍不断修改。

　　该书首为舆地山川总论，次以明代两直隶、十三布政使司分区，因而历来被视为地理著作。其实，该书对各地建置、赋役、屯田、水利、军事、边防、关隘等都有较详细的论述，并涉及少数民族、农民起义等情况，是一部社会政治、经济、地理著作。但其重点在郡国利病上面，如赋役即为该书的重要内容。该书编撰之时正值明亡之际，士大夫痛定思痛，因而内容取舍有一定的针对性。是一部很有价值的社会政治经济资料。

　　该书有《四部丛刊》三编的顾氏原稿影印本和道光三年（1823）四川龙万育刊本。

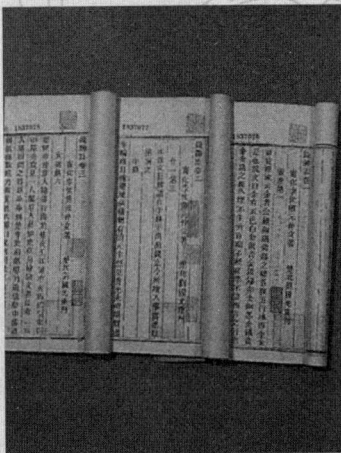

明清之际李世熊编撰的《钱神志》书影。此书为后人了解"钱"的历史提供了重要资料。

《皇舆全图》开中国近代地图先河

　　《皇舆全图》，清康熙时绘制的中国地图。又称《皇舆全览图》、《清内府一统舆地秘图》。康熙四十七年至五十八年（1708～1719）编制。该图是采用近代科学方法绘制的第一张中国全图，因此极具开创意义。

　　西方的测绘地图技术在明末由传教士利玛窦等传入中国，清入关后很受重视。清初，传教士汤若望、南怀仁相继任职钦天监，其教友则游历中国各地，并且测绘地图，清圣祖玄烨受其影响，决定测绘全国地图。由于当时的清朝缺乏专项人才，因此此项工作主要由西方传教士担任。康熙四十七年至五十四年，他们采用当时世界先进的经纬度测绘法，在中国大部分地区进行实地测绘。后由法国传教士白晋等统一审校、缀合，于五十八年完成。

　　《皇舆全图》计全图一张，离合共 32 帧。另外还有分省图，每省各一帧。全图之比例尺约为 140 万分之一，长宽各数丈。凡山川、府州县城及镇、堡等，

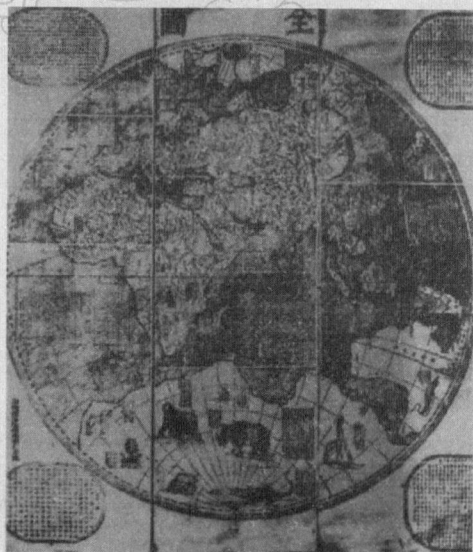
皇舆全览图

都有所载。内地各注记用汉文，边疆地名则用满文。该图开中国实测经纬度地图之先河，是当时最详细的地图，也是研究中国清朝康熙以来历史地理变化的重要资料。其测绘方法虽不甚精密，西藏部分也有错误，但直至清末，其仍为绘制新地图的依据，在中国地图发展史上有着重要地位。

《皇舆全图》铜版由于在巴黎制造，因此该图流传到了国外。在国内，因图定为内府秘籍，故外间很少流传。直至1921年，该图才于沈阳故宫博物院发现，题名《清内府一统舆地秘图》，后由该院石印出版。

乾隆时曾以康熙《皇舆全图》为基础，于乾隆二十四年（1759）完成改订西藏部分错误和新疆测量工作，编绘《乾隆十三排地图》，全图共104帧。1925年北京故宫博物院发现铜版104方，1931年审定为乾隆时《皇舆全图》，并由该院重印，题名《清乾隆内府舆图》。

《大清律》编成

乾隆五年（1740），清政府以《大明律》为蓝本，参照唐律和清修《大清律集解附例》（1648）、《大清律集解》（1727），编成《大清律》。

《大清律》分为名例律、吏律、户律、礼律、兵律、刑律、工律7篇30门，律文436条，律后附以奏准的条例1049条。《大清律》加重了对反叛大逆罪的处刑。凡谋反、谋大逆，共谋者不分首从，皆凌迟处死；并株连祖孙、父子、兄弟及同居之人，不分异姓及伯叔兄侄之子，不限籍之异同，不论笃疾废疾，男年16以上皆斩；男年15以下及母女妻妾姐妹及子之妻妾，给付功臣之家为奴，财产入官。即使子孙确不知情，男年11以上亦阉割，发往新疆给官兵为奴。谋反罪的范围也扩大了，如异姓歃血订盟结拜兄弟，均照谋叛未行罪，为首绞监候，为从减一等。聚从20人以上，为首绞决，为从发往烟瘴之地从军。其次，"例"的作用比过去加强了。清政府规定，律文一成不变，

《大清律》（清雍正五年刻本）

而例文可因时制宜，随时纂改，实际上凌驾于法律之上。这样，官吏任意援引，以行其私，演为弊政。以致例文条数历朝上升，乾隆二十六年（1761）为1456条，嘉庆六年（1801）增加到1603条，同治九年（1870）又增加至1892条。另外，雇工的法律地位也有所提高，反映了封建社会后期人身依附关系相对松弛的社会现实。

《大清律》是中国封建社会最后一部成文法律。

《授时通考》编成

乾隆七年（1742），清政府官修鄂尔泰等人负责编纂的《授时通考》编成。授时者，"敬授人时"之意。除辑录历代农书外，还征引经、史、子、集中有关农事的记载427种和512幅插图。全书78卷，98万字，分为天时、土宜、谷种、功作、劝课、蓄谷、农余和蚕桑8门，每门若干卷。天时门述农人四季之农事活动。土宜门包括辨方、田制、田制图说、水利等。谷种门包括各种农作物的种名考源，并汇集了各地水稻品种的有关资料。功作门技术性最强，对农作物的栽培过程和各个环节叙述备详；后附泰西水法1卷，

介绍了当时传入的西方灌溉工具。农余门篇幅最大，内容庞杂，包括蔬类、果类、木类、杂植、畜牧等，反映出历代封建统治者片面重视粮食生产，不重视与此相关的果蔬畜牧等。

《授时通考》辑录了许多珍贵的资料，对历代农事活动作了较完整的总结，与《齐民要术》、《王祯农书》和《农政全书》成为中国现存四大农书之一。《授时通考》成书之后，除朝廷印制外，各省还奉旨复刻，因而流传较广。

《律吕正义》编成

仲吕，金编钟之一，为十正律的一个律名。

清代康乾年间，音乐百科著作《律吕正义》编撰完成。

《律吕正义》分为上编、下编、续编和后编，前三编共5卷，是由康熙帝敕撰，魏廷珍、梅毂成、王兰生编修，于康熙五十三年（1714）完成；后编计120卷，由乾隆敕撰，允禄、张照等人编纂，于乾隆十一年（1746）完成。上编包括乐律律制、度量衡制、乐谱谱式、旋宫转调等。下编包括乐器形制等。续编则根据一些西方乐书，介绍了欧洲乐理知识。后编内容繁杂，包括清初以来宫廷典礼音乐、乐章、乐谱、舞谱、乐器解说及图样，历代乐舞制度、度量衡制，以及"乐问"和答语等。

《律吕正义》所包括的许多内容都具有重要的历史文献价值。例如续编是最早向国内系统介绍欧洲记谱法的资料。后编中介绍的许多少数民族乐器，如蒙古的笳吹乐，回部、瓦尔喀部和朝鲜国的乐器图等，是珍贵的文献资料。在"回部乐技"中所记述的音乐歌舞，可以在现代南疆的民族舞蹈中见到。但是，《律吕正义》中的有些篇幅，也存在有墨守成规和自相矛盾之处，在作为历史资料参考时应予以分析。

清金编钟

总的说来，《律吕正义》内容丰富，为我们保留了大量古代音乐、舞蹈资料，直到今天，仍有极高的研究价值。

《九宫大成谱》编成

乾隆十一年十二月（1746），由和硕庄亲王允禄，乐工周祥钰、徐兴华等人编纂的《九宫大成南北词宫谱》完成，简称《九宫大成谱》。

"宫"就是"调"。明代把正宫、中吕宫、南吕宫、仙吕宫、黄钟宫和大石调、双调、商调、越调等五宫四调合称"九宫"。实际上，《九宫大成谱》达25个宫调之多。

《九宫大成谱》共82卷，汇集了南北2094个曲牌。它选用了唐、五代、宋人词、金元诸宫调、元明散曲、南戏、北杂剧、明清昆腔、清宫承应戏、御制腔等不同时代、不同来源、不同格律、不同乐种的歌词。按南曲、引曲、正曲、集曲、北曲的双曲、套曲分类。其中有北套曲185套，南北合套曲36套，分别列入不同的宫调中。

唐宋的歌舞大曲、宋代的杂戏、金元的说唱音乐诸宫调以及元明清三代戏曲很多都已失传，仅赖《九宫大成谱》得以保存，因此，它是研究中国古代散曲、清曲、戏曲音乐的重要参考资料。

秧歌·高跷流行于北方

清中期，近代民间秧歌、高跷等已基本形成，广泛流行于中国北方。

"秧歌"，原指农民插秧及耕耘劳动中所唱的歌。但作为清代十分盛行于广大汉族地区的这种载歌载舞的民间表演艺术形式，其源头当是十分深远的。

"秧歌"在农村、城镇都有流传，多以舞队形式出现于大街小巷和广场（或

踩高跷

麦场）。几十人甚至成百人的秧歌队，在锣、鼓、钹、唢呐等乐器伴奏下挥臂作舞。每当闹起秧歌，欢声鼎沸，万人空巷，热闹非凡。

"秧歌"从清初开始广泛流传，尤其北方各省更为盛行，且在长期实践中形成了不同地区形式风格上的某些差异，如"陕北秧歌"的矫健豪放；"山东秧歌"的韧中带劲；"东北秧歌"的红火欢腾；"河北秧歌"的健朗风趣……又因舞时所使用道具的不同，产生了许多变种，如"地秧歌"、"高跷秧歌"、"鼓子秧歌"等，一直盛行于当今，成为中国人民最喜闻乐见的民间舞蹈形式之一。

"高跷"，原为古代的一种踏跷技艺。

"高跷"与"秧歌"的结合，是在表演实践中逐渐形成的，为使众多的围观者都能一饱眼福，起初出现了扛人于肩的表演。而踩上高跷表演时，犹如为自身装上了活动舞台，走到哪里，演到哪里，总是比观众高出一截，既便于人们观赏，又能灵活自如地施展舞者技艺，遂成为一种固定的表演形式。北京的高跷秧歌，约出现于乾隆三十二年（1767）左右。

西洋音乐进入中国

清代后期，随着教会音乐的传播和教会学校的建立，西洋音乐逐步进入中国。

教会音乐就是圣咏，即教堂的唱诗祷告，以及沿街布道时以风琴或其它乐器唱和的圣诗。所唱的诗大都是原文翻译，沿用原有圣咏曲调。自嘉庆十五年（1810）至光绪元年（1875）的60多年中，传教士在中国编印的书刊有1000多种，其中有很大部分便是圣咏书谱。为使中国人容易接受，有些传教士也曾以中国传统曲调填配圣咏和采用中西乐理对照的编写法出版圣咏书谱，如1872年出版的狄就烈的《圣诗谱》、1883年出版的李提摩太的《小诗谱》和《中西乐法撮要》等。

为了系统培养掌握西方文化和音乐的人才，教会便在所创办的学校中，开设传授西洋音乐的课程，如上海的"汇文"、"慕真"、"育英"、"贝满"、"崇实"、"崇德"等教会学校，均设有音乐课程。1849年由法国天主教耶稣会创办的徐汇公学，除设有多种音乐课程外，还组建了一支由学生参加的西洋管弦乐队，该乐队曾演奏过海顿的交响曲。1892年，美国监理会教士林乐知创办中西女中，"教授西洋音乐"便是其办学四条宗旨之一；三门选课中，音乐是其中一门，并以钢琴为主，包括声乐或弦乐器，而约有三分之一的学生选学钢琴，且至少要12年，才达到琴科毕业（包括小学）。该校经常举办演奏会以使学生得到锻炼，每年还向全市举行一次公开的大型演奏会。这一时期，传入中国的西洋音乐，除圣咏外，大多是一些西洋通俗歌曲、舞曲和"沙龙音乐"。

《绣谱》传刺绣工艺

　　道光三年（1823），刺绣女工艺家丁佩（字步册，上海人）著《绣谱》一书，以绘画、书法、诗词、建筑等艺术与刺绣工艺相比较，阐述其规律，总结我国民间刺绣工艺的技法和美学特点。

　　全书分为6个部分：一、择地，强调刺绣的环境须闲、静、明、洁；二、选择，强调绣稿须审理、度势、剪裁、点缀、崇雅、传神；三、取材，说明丝线、绫缎、纱罗、绣针、剪刀、绷架等刺绣材料及工具；四、辨色，说明红、绿、黄、白、蓝、黑、紫、藕色、赭、牙色、灰色、酱色、月白、天青、金银等18种色彩的特点和用法；五、程工，说明刺绣

清代玄青地潮绣金龙对襟女坎肩

的工艺技法及齐、光、直、匀、薄、顺、密等标准；六、论品，以文品之高下、画理之浅深将刺绣分为能、巧、妙、神、逸5个品评档次，精工、富丽、清秀、高超4个品格。

　　《绣谱》条理清晰，深入浅出，对刺绣的发展具有指导性作用。

清代宝蓝地金银钱绣整枝荷花大镶边女氅衣

交际舞进入中国

清代后期，近代欧美舞蹈通过种种途径传入中国，而其中较早为中国人接受的当推交际舞。

较早接触交际舞的便是教会学校的学生。每逢"愚人节"、"复活节"、"圣诞节"等西方节日，教会学校必举行盛大的庆祝仪式、茶会和舞会，并以此向学生宣扬"欧美文明和生活方式"，使他们在潜移默化中接受和掌握了这种社交性的舞蹈。

另外，交际舞作为西方人的一种娱乐和社交方式进入了租界，且最初只局限在外侨的生活圈子中。道光三十年（1850）上海租界举行了第一次舞会。但由于洋人中男女比例悬殊，加之中国传统观念的阻碍，舞会在早期的上海等大城市还是罕见。在一些沿海开放城市，随着租界中"华洋杂居"局面的出现，一些涉足洋人生活圈的上层社会的中国人也逐渐进入附设在洋人开办的酒楼、餐馆以及一些娱乐场所中的舞厅，参加侨民举办的舞会。继而，在上海的"张园"、"一品香旅社"等中国人接办或开办的娱乐场所也引进了这种西方娱乐形式。交际舞逐步受到中国人的青睐而在近代中国出现了发展的势头。

江有诰集古音学大成

咸丰元年（1851），古音韵学家江有诰去世。

清代古音学研究中，江有诰集音韵学大成，对古音研究最全面、最深入。江有诰（？～1851），字晋三，安徽歙县人。他用毕生精力来研究音韵学，

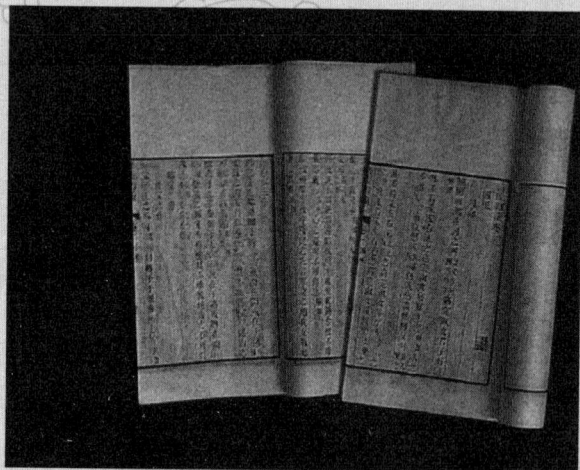

清代江有诰《音学十书》的影印本

所著《音学十书》的分部情况，竟与当时著名音韵、训诂学大师王念孙的研究不谋而合。

江有诰在段玉裁古韵17部的基础上，将祭泰央废从脂部中分出，又合并缉、叶，将侯部独立，再采用孔广森的冬、东分立说，分古韵为21部，即：之、幽、宵、侯、鱼、歌、支、脂、祭、元、文、真、耕、阳、东、中、蒸、侵、谈、叶、缉。并进行了合理的排列，至今仍有不少古韵学家沿用。他的朋友夏炘，在江有诰的21部基础上，再加王念孙的至部独立，定为22部，使上古音的韵部体系至此基本弄清。

在古音研究中，江有诰兼采"考古"派（顾炎武、段玉裁、王念孙等，采用客观分析、归纳先秦韵文材料、从中得出结论的方法）和"审音"派（江永、戴震等，采用既考察上古韵文的用韵情况，又据等韵学、今音学原理和语音学系统来考察上古韵的分合情况的方法）两派的长处，不仅深入、全面地搜集考察先秦几乎所有的韵文材料，著《诗经韵读》、《群经韵读》、《楚辞韵读》（《音学十书》中的三种）等韵书，还充分发挥了自己精通等韵、长于审音的优势。他不仅解决了平入的配合问题，还解决了四声相配的问题，相当于为先秦的语音系统做了韵图，使人能看到当时语音系统的全貌，从而推知语音演变的脉络，为拟测古音提供了可能。

众多琴派涌现

清代后期由于交流频繁、范围扩大，涌现了众多的琴派。主要有如下流派：

一是浦城派，代表人物为福建浦城人祝桐君（？～1864）。他博采众家传谱，1855年著有《与古斋琴谱》，对古琴艺术和表演理论作了深入探讨。后继者张鹤，同治三年（1864）编有《琴学入门》，并多次再版，广为流传。书中收20首琴曲，并附工尺谱，其中《阳关三叠》、《渔樵问答》等曲流行至今。

二是泛川派，代表人物为四川青城山道士张孔山。其弟子众多，他所传"七十二滚拂"《流水》气势磅礴，为近百年琴家所推崇。1876年，他与其他琴家合编成《天闻阁琴谱》，为近代收曲最多的琴谱集，影响颇大。

三是九嶷山派，代表人物是湖南人杨宗稷（1865～1933），因其号九嶷山人而得名。他师承金陵黄勉之（1853～1919），讲求吟猱节奏。1911年～1931年陆续撰成43卷、70万字的《琴学丛书》，书中收有许多琴学文献。他对传统琴谱作了多方探索，现存《碣石调·幽艺》的文字谱，便是由他最先译成减字谱的。他还曾在北京设九嶷山琴社，传授琴艺。

四是诸城派，代表人物是王溥长和王雩门。二者琴风虽不尽相同，但都具有山东地方特色，如所传《长门怨》等曲。

五是岭南派，代表人物是广东冈州的黄景星，1836年辑有《悟雪山房琴谱》，共50余曲。

近代节会盛行于民间

　　清代，各地民间年节的庙会游艺活动丰富多彩，且有各种民间歌舞表演和民间百戏等。这些民间表演艺术，后又发展成为清代"百戏"。它们在形式上不但包括音乐、舞蹈、杂技、武术、幻术和一些体育活动；且包括戏剧声腔、曲艺及各种民间杂耍，甚至工艺美术等。清代李声振的《百戏竹枝词》一书中，便对百戏列有细目，其中有：吴音、弋阳腔、秦腔、乱弹腔、月琴曲、唱姑娘、四平腔、花档儿、女优、琵琶伎、霸王鞭、十不闲、踏谣、鼓儿词、弹词等等。

　　到清后期，民间节会更加发达。清代后期的岁时节日主要有元旦、立春、上元、填仓、龙头、文昌、花朝、清明、浴佛、端午、天贶、七夕、中元、中秋、重阳、寒衣、冬至、腊八、祭灶等20余种。清代后期岁时节日的功能与古代

逛厂甸图。北京和平门外的厂甸，每年初一到十五，商贾小贩云集，组成交易市场。由图可见清代集市风貌。

社会前期较为单一的情形不同，显示出综合性较强的特征，除了传承的主要特征外，多融合了农事、娱乐、饮食、交际、信仰等多种功能，其中娱乐是主要内容。

元旦是最隆重喧闹的节日，持续三五日，甚至延续到正月十五的上元节。易门神、换桃符、更春联、拜贺、请客、逛市场，放纸炮、爆竹，人们欣赏各种表演，热闹非凡，纯属为了娱乐。八月十五的中秋节，合家团聚，以赏月为主要娱乐形式，期间也吟诗歌唱。

立春是农事节日，主要内容为迎春和打春，而迎春本身就是人们装扮社火、扮演杂剧的娱乐活动。二月上旬的花朝节，是花王的生日，士人以赏花、饮酒、赋诗等形式娱乐。清明节也不仅仅是扫墓祭祖，还流行踏青、荡秋千、放风筝等活动。五月初五日端午节，南方水乡普遍有赛龙舟的风俗。因为岁时节日是民众进行娱乐活动的主要时机，故杂技、曲艺、歌舞、戏曲、体育、游艺等活动在岁时节日最为盛行。民众通过社会性娱乐活动，既可解除疲劳，调节情绪，更以此作为开展社会交往的机会。

迎神赛会也是大众娱乐的普遍方式。包括春祈秋报和神诞庙会时进行的各种演出。春秋社和神诞日的活动最初是娱神，在清代后期则是娱神、娱人兼有，但以娱人为主。如安徽泾县民间每年凡逢迎神赛会时，不但要举行娱神的活动，而且每当赛会时必须演戏；除正戏外，还兼演傀儡戏一出；杀鸡沥其血以飨神。各种神诞庙会的娱乐活动也形式多样，如在北京，逢遇城隍出巡及各庙会的"过会"，就由"京师游手"扮作开路、中幡、杠箱、官儿、五虎棍、跨鼓、花钹、高跷、秧歌、什不闲、耍坛子、耍狮子之类，随地演唱，观者如堵。

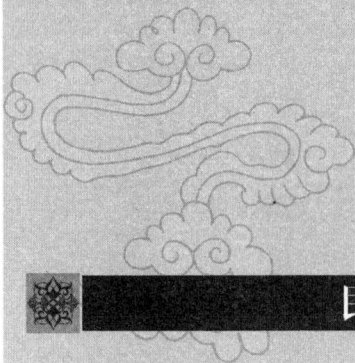

民间剪纸兴盛

随着历史积累流传下来的民俗活动逐渐增多，人民生活逐渐安定，清代民间剪纸艺术与其他民间艺术一样得到了发展。按用途粗分，剪纸的种类就达10种，如窗花、刺绣画样、喜花、礼品花、灯笼花、墙花、扇花、挂钱、功德花纸、影戏人等。其中喜花、礼品花、灯笼花、挂钱、功德花纸等包含着浓厚的民俗意义；窗花、墙花、扇花用来装饰居室或用具。

清代民间刺绣比较普遍，影响所及使刺绣花样发展增多。如同治十三年（1874）刊印的《吉金斋绣谱》，是当时女艺人郭梦针手刻的刺绣花样粉本，共有图20幅，有"拭牛"、"饮马"、"浴儿"、"宿后"、"读书"、"鸣鹅"、"花卉"等题材内容。又如木刻《刺绣花样范本》，收集了瓶口（钱袋）、烟袋荷包、扇套、眼镜盒以及鞋、帽、兜肚、衣襟、腰巾等物件上的各种画样，内容丰富，有"西厢记"、"苏武牧羊"、"张敞画眉"、"教子成名"、"百子图"和山水、花卉、虫鸟等等。此外还有手绘彩色的《绣花谱》，绘有渔樵耕读、四季美人等花样图案。除了这些绣谱之外，清代还有专门剪刺绣花样的行业。

窗花的图案也丰富多样，但大多数实物散落民间，有待收集。今见于书籍者，仅有《松筠剪纸人物图册》（光绪十八），收录一些窗花稿样，多为吉祥人物，如"四妃十六子"、"八仙人物"、"排云谱"等，都优美可观。

"挂钱"又名"门彩"，是人们在新年时贴在门楣或佛龛前以祈平安幸福的剪纸，一般以红纸或五色纸雕镂而成。清代北京的挂钱花样尤多，大小、用途也不同。据富察敦崇《燕京岁时记》记载，长逾一尺的大挂钱，常挂在门前与桃符相辉映；挂钱上剪有八仙人物的，则用来挂在佛龛前面；还有小挂钱是一般商业店铺所用。"礼品花"是为祝寿、生子、中取、升官、迁居、开市等赠送贺礼时所用，一般剪有"一路福星"、"寿天百禄"、"当朝一品"等字样，也有绘画剪纸花样。嘉庆年间，有一进士梁章钜见"礼品花"转瞬

清代山西孝义的剪纸《轿车》。

晚清陕西周至的剪纸《武旦》。

毁于童婢之手，于是"杂取吉祥善事，剪作花样十六"分赠各家，希望能代替剪字图案。

此外，清代还有一些艺人把书法绘画与剪纸结合起来，只凭一把剪刀，就能作出"骨法用笔"俱佳的作品来。乾隆年间，有一艺人江舟，善书画，尤工剪贴，能以剪纸摹仿古人书画真迹，剪成着色后几乎可乱真。其作品有《醉翁亭记》、《前赤壁赋》、《天马赋》以及《枯木寒鸦》、《兰竹》、《九狮》等，而且还总结自己的剪贴方法与经验，著有《兰圃碎金录》，可惜都未流传下来。道光年间又有一位善剪书画的奇人包钧，全椒知县陈文述有诗称赞其奇技云："剪画聪明胜剪花，飞翔花鸟泳萍鱼"，可见其剪纸技法之高明。

河北梆子兴盛

清中叶，山陕梆子流入河北，经数十年音随地改的衍变，于道光年间形成河北梆子，并于19世纪70年代到20世纪20年代末达到兴盛，出现了不少重要的班社和著名的演员。

河北梆子在北京兴盛以后，与锐气正盛的京剧争雄一时。光绪中叶，与二簧同班演出（叫"两下锅"），一度开梆簧合作演出之风。这时，河北梆子除盛行河北、天津、北京、上海、山东和东北三省的大部分城乡外，河北梆子班社也经常到苏州、扬州、武汉、开封等地演出。

河北梆子唱词及念白的发音，早期杂有山陕语言，自20世纪初杨韵谱成立奎德社开始，逐渐改以北京语言为基础，念白与京剧近似，但不念"上口字"。脚色行当分类及其表演程式，大体与京剧相同。

女帔（清乾隆）

周仓靠（清同治）

排穗坎肩（清乾隆）

罗帔（清）

舞狮舞龙遍及全国

"龙舞",是中华民族历史中最为悠久、最具代表性的民间舞蹈种类之一。不仅在汉族,在许多少数民族中也极盛行。清代"龙舞"的样式很多,在制作工艺和舞蹈表演方面,已发展到了相当高的水平。其表演遍及全国,逢年过节以及喜庆时都少不了舞龙,舞龙成为中国生活方式的一个组成部分。

清代的"龙舞"以"龙灯"的形式表演为多。这种"龙灯舞"表演起来,忽而像飞龙冲天腾跃而起,忽而如飞瀑直下伏地盘旋,鼓声隆隆犹雷鸣,光曳珠耀似闪电,气势磅礴,震憾人心。

舞龙活动在民间一直延续至今,图为湖南南岳地区百姓舞龙的场面。

　　"灯舞"又称"舞灯"，是历史悠久的汉族传统民间舞蹈。乾隆时人赵翼《檐曝杂记》卷一"烟火"条，记载了清宫主办的一次盛大"灯舞"活动："上元夕，西厂舞灯、放烟火最盛……楼前舞灯者三千列队焉，口唱《太平歌》，各执彩灯，循环进上，各依其缀兆，一转则三千人排成一'太'字，再转成'平'字，以次作'万'字、'岁'字，又依次合成'太平万岁'字，所谓'太平万岁字当中'也。舞罢，则烟火大发，其声如雷霆，火光烛半空，但见千万红鱼奋迅跳跃于云海内，极天下之奇观矣"！

　　"狮舞"，也叫"耍狮子"，是历史悠久的汉族代表性民间舞之一，在清代已经完全形成，清人的记载已与流传至今的《狮子舞》极为相似了。披毛制狮皮，用绣球引狮、逗狮的舞法，至今仍广泛流传于广大民间。光绪年间的《京都风俗志》"太少狮，以一人举狮头在前，一人在后为狮尾，上遮宽布，彩色绒线，如狮背皮毛状，二人套彩裤作狮腿，前直立，后伛偻，舞动如生，有滚球、戏水等名目"。在广泛流传中各地群众创造了多种多样的《狮子舞》：有威武矫健、穿插着许多翻滚跌扑技巧表演的"武狮"；诙谐风趣逗人喜爱的"文狮"；用板凳装饰成狮形耍舞的"板凳狮"，舞时狮口喷火的"火狮"等等。

赵之谦书画印俱佳

　　光绪十年（1884），清代著名书画家赵之谦去世。

　　赵之谦通晓经史百家，诗文、书法、绘画和篆刻，无所不精。他的书法，早年学颜体，后取法六朝碑刻。其楷书将北魏碑刻、墓志写得婉转圆通，自成一格，被称为"魏（魏碑）底颜（颜体）面"。他的篆书既受邓石如的影响，又掺以北魏书法的笔意，姿态摇曳。他还以北魏体势作行草书，古拙中蕴含秀逸。

　　赵之谦的画，人物、山水、花卉俱佳。早年笔致工丽，后受扬州八怪等的影响，纵笔泼墨，虽色彩浓艳，但风格清新。写实写意，均以书法技巧融

节录史游急就篇（赵之谦）

汇于画，情致盎然，且酣畅淋漓。在一定程度上影响了后世画家任颐、吴昌硕等。

赵之谦的篆刻亦独树一帜。他的篆刻先摹浙派，后追皖派。他以汉镜文、瓦当文、钱币文、封泥、诏版等入印，在篆刻艺术上开"印外求印"之先。他的印章思路清新，取材广泛，或婀娜多姿，或端庄匀称。对于印章的边款，赵之谦亦有所举创，他的边跋，风神独逸，气象万千。此外，他还创造了阳文款识。

赵之谦书法、绘画、篆刻均有成就，且多同时出现，相辅相成，别具新意。其著作有诗文集《悲庵居士诗賸》，篆刻《二金蝶堂印谱》等，并校刻《仰视千七百二十九鹤斋丛书》。

练习未尽（赵之谦）

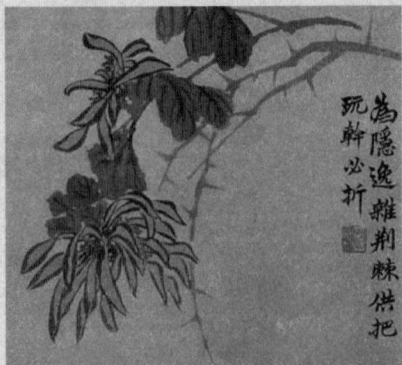

赵之谦的蔬果花卉图册（之一）

电影艺术传入中国

清光绪二十二年（1896）八月十一日，上海徐园内的"又一村"放映了"西洋影戏"，这是中国的第一次电影放映。

光绪二十三年（1897）七月，美国电影放映商雍松来到上海，先后在天华茶园、奇园、同庆茶园等处放映电影。光绪二十五年（1899），西班牙商人加伦百克来上海放映电影。光绪二十八年（1902），北京也开始放映电影。当时，有一个外国人携带影片、放映机及发电机来到北京，在前门打磨厂租借福寿堂映演。影片内容多为"美人首旋转微笑，或着花衣作蝴蝶舞"以及"黑人吃西瓜"、"脚踏赛跑车"等。次年，中国商人林祝三从欧美携带影片、放映机等返国，也在打磨厂借天乐茶园放映。这是中国人自运外国影片在国内放映的开始。

光绪三十年（1904），慈禧太后70寿辰时，英国驻北京公使曾进献放映机一架和影片数套祝寿。影片在宫内上映时，放映了3本，发电机就发生炸裂，慈禧认为不吉利，清宫内从此不准放映电影。光绪三十一年，清政府派五大臣出国考察，五大臣之一的端方在回国时也曾带回一架放映机，并在次年宴请载泽时，"演电影自娱"，还令通判何朝桦在旁边作解说员，但演至中途，猝然爆炸，何朝桦等人均被炸死。

光绪三十一年（1905），北京丰泰照相馆拍摄了中国最早的一部戏曲片《定军山》。这也是中国人自己摄制的第一部影片。光绪三十二年（1906）以后，北京城内电影放映就逐渐多起来，如北京西单市场内的文明茶园和大栅栏的庆乐茶园，便开始放映有故事情节的侦探滑稽短片。

在香港，大约在光绪三十年至光绪三十一年（1904～1905）间，第一家电影院——比照影画院在中环的云咸街建成。在上海，意大利商人A·雷玛斯经营电影放映，赢利颇丰，并在光绪三十四年（1908）建起了一座可容纳

北京丰泰照相馆拍摄的中国第一部舞台艺术短片《定军山》，主演者为京剧名角谭鑫培。

250人的虹口大戏院，这是上海第一家正式修建的电影院。

此后，电影放映在中国，就逐渐遍于南北，深入内地了。电影艺术也进一步为国人所接受和得到发展。

裕容龄姐妹学习西方现代舞

清末一品官裕庚的女儿裕容龄和裕德龄，从小接受文明教育，性格活泼，喜好歌舞。光绪二十年（1894），她们随父出任清廷驻日公使而赴日，被日本舞所迷，便向日本女仆学习了《鹤龟舞》等。后来裕庚还专门请来名师教授姐妹俩。

慈禧与宫庭贵族妇女（左一为德龄，右一为容龄）

光绪二十四年（1898），裕庚奉调出使法国，她们又随父来到巴黎，师从现代舞之母伊莎多拉·邓肯学舞3年。裕容龄因成绩优异而被邓肯选中在其创作的舞剧中扮演主角。她以高超的技艺逼真而生动地表演了希腊神话的意境。后来，她去了法国国立歌剧院，师从名教授萨那夫尼那学习芭蕾；接着又进入巴黎音乐舞蹈学院深造，并在巴黎公开登台表演了体现邓肯个性解放思想的《希腊舞》和《玫瑰与蝴蝶》。她以清新动人的表演博得了观众的好评。

光绪二十八年（1902），姐妹俩随父回国，成为慈禧御前女官。因为慈禧的支持，容龄得以在宫中研究舞蹈并演出西洋舞蹈和自己创作的《如意舞》等，使慈禧和皇族们大开眼界。出宫后，20年代她曾以"唐宝潮夫人"之名在天津等地的慈善机构演出。遗憾的是由于她的贵族身份及活动范围的局限，致使这位在西方舞蹈文明培育下成长起来的中国近代舞蹈家的舞蹈活动对社会影响不大。

学堂乐歌活动兴起

19世纪末，西方列强大举入侵中国，民族危机日益严重。为了救亡图存，一些先进知识分子极力提倡效法日本明治维新，主张废除科举，创办新式学校，并在所开办的新式学校中开设音乐课程。中西学堂、南洋公学、两江师范、中西女塾都在图画工艺课和体操课中附教音乐唱歌，当时称为乐歌。在此后所建立的新学中乐歌课必不可少，学堂乐歌活动从此开始兴起。

作为一种新的音乐文化，学堂乐歌引进了外来曲调，填以反映新思想和新内容的歌词，构成了一种与我国传统庙堂音乐完全不同的新体裁。其内容包括反对列强侵略、瓜分，歌颂祖国历史和大好河山，揭露清王朝腐败统治，唤起民众为拯救危亡中的中华民族而奋斗的斗志，民主思想和爱国主义精神十分强烈。如《中国男儿》、《何日醒》、《祖国颂》等，这些歌曲多借用外来曲调，显示出将西洋音乐与中国歌相结合的气象，它无疑是我国近代歌曲创作的开端。这一时期乐歌简洁鲜明，高昂有力，极富感召力。

学堂乐歌活动的兴起是废除科举、兴办学校并传播新思想的结果。戊戌变法失败后流亡日本的知识分子中，出现了沈心工、曾志忞、萧友梅、高寿田、冯亚雄、李叔同等一批专门学习音乐或考察教育的人士。当时流亡日本的梁启超也积极参与推动学堂乐歌发展的活动，他不仅宣传和评述作家、作品，而且还自己创作乐歌。1902 年 2 月由沈心工、曾志忞在东京创立的"音乐讲习会"，是中国人举办近代音乐讲习的首创。随后《浙江潮》、《江苏》、《新民丛刊》等先后发表了《中国音乐改变》、《音乐教育论》等论文，积极宣传乐歌，从而极大地促进了我国乐歌活动的发展。

国内的学校，已普遍开设了乐歌课。1904 年，沈心工、高砚云等在上海发起"美育音乐会"，积极从事研究和促进乐歌创作的活动。在这一年，乐歌宣传和创作活动达到高潮，发表作品达 80 首，同年，中国第一部学校音乐教科书《学校唱歌集》第一集出版，曾志忞译补了《乐典教科书》。这些学堂乐歌成果，对于这一活动和中国近代音乐史都具有重要的意义。

当时的学堂乐歌多以合唱形式出现，流传广泛且鼓动性极强。1903 年国民总会在上海集会，1905 年上海反美爱国运动，群众都是高唱学堂歌曲以鼓舞士气的。辛亥革命前后，乐歌活动更呈现出一派欣欣向荣的局面，为凝聚民众精神起到了巨大的作用。

丰泰照相馆拍摄中国第一部电影

中国人尝试拍摄影片，是在光绪三十一年（1905）的秋天，由开设在北京琉璃厂土地祠的丰泰照相馆摄制的。

丰泰照相馆的创办人任景丰，沈阳人，青年时代曾在日本学习过照相技术。光绪十八年（1892），他在北京开设的丰泰照相馆，是当时绝无仅有的一家，因此生意非常兴隆。后在前门外大栅栏开设大观楼影戏园，放映外国电影。因感于片源缺乏，产生了摄制中国影片的念头。正好那时德国商人在东郊民巷开设了一家祁罗孚洋行，专售照相摄影器材，任景丰便从那里购得法国制造的木壳手摇摄影机 1 架及 14 卷胶卷，开始拍摄影片。

丰泰照相馆拍摄的第一部影片，是由我国著名的京剧演员谭鑫培（1846～1917）主演的。谭鑫培为我国京剧老生表演艺术中"谭派"的创始人，戏路极为宽博，文武昆乱，无所不能。谭鑫培主演的第一部影片是《定军山》中"请缨"、"舞刀"、"交锋"等场面。谭扮黄忠，技艺精湛，动人地表现出古代名将的英雄气概。当时为了利用日光，影片的拍摄是在丰泰照相馆中院的露天广场上进行的。摄影师是该馆技师刘仲伦，前后拍摄了 3 天，共成影片 3 本。这部短片是我国最早的一部戏曲片，也是中国人自己摄制的第一部影片。我国第一次摄制影片就与传统的民族戏剧形式结合起来，这是很有意义的。

光绪三十二年（1906）以后，丰泰照相馆又在原地拍摄了《青石山》、《艳阳楼》、《收关胜》、《白水滩》、《金钱豹》等剧的片段。光绪三十四年（1908）还拍摄了小麻姑表演的《纺棉花》一剧的片段。为了适应无声电影的特点，

中国最早的电影放映场所之一——北京西单商场文明茶园

这些戏曲片拍的都是一些武打和舞蹈动作较多或富有表情的场面。这些影片，先后都在北京的大戏院放映过，"有万人空巷来观之势"。光绪三十五年（1909），丰泰照相馆遭受火灾，机器设备毁于一炬，从此结束摄影业务。

沈心工配制学堂歌曲《革命军》

辛亥革命时期，著名的学堂乐歌音乐家沈心工配制了一首学堂歌曲《革命军》，这是一首具有爱国主义和民主主义思想的作品，也是他的代表作之一。歌词共4段："吾等都是好百姓，情愿去当兵，因为腐败清政府，真正气不平。收吾租税作威福，牛马待人民，吾等倘使再退缩，不能活性命。……"表现了当时人们反封建的革命意志、革命者豪迈、无畏的气概和斗争的决心。

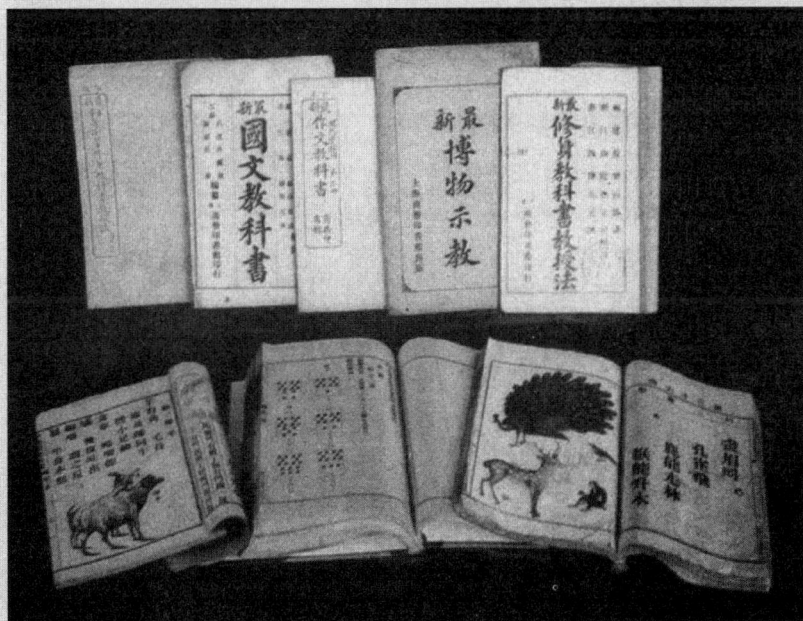

1904 年出版的中小学课本

　　沈心工（1870～1947），名庆鸿，号叔逵，字心工，上海市人。早年就读于南洋公学师范班，随后在其附小任教。光绪二十八年（1902）游学于日本，并创办"音乐讲习会"。1903年回国后继续任教于南洋公学附小，从1911年起任校长达27年之久。同时还兼任本女塾、龙门师范、沪学会等处的乐歌课。

　　沈心工在乐歌创作和早期音乐教育方面贡献突出。他用乐歌向青少年宣传民主、爱国思想，鼓励青年努力奋发，且反帝反封建的意识较鲜明。这类作品除《革命军》外，还有《国胞同胞需爱国》、《革命必先格人心》、《缠足苦》等。还有许多是反映儿童天真活泼的性格、嬉戏的情景，传授生活常识、文化知识，并从中进行道德、品质教育的作品，如《地球》、《旅行歌》等。他在配制学堂唱曲的同时，也开始进行歌曲创作，如《黄河》（杨度作词），全曲"沉雄慷慨"。

　　沈心工特别注重学校音乐的教育作用和音乐教学法的运用，1904年编译出版了日本石原重雄所著的《小学唱歌教授法》；1904～1907年编写出版了《学校唱歌集》共3集，这是我国近代最早的音乐教科书，影响很大；1913年编有《民国唱歌集》4集出版。1936年他将编创的乐歌，编选出版了专集《心工唱歌集》。

地方戏曲全面兴起

四川灌县二王庙戏台

　　明末清初，原先一统舞台的昆曲日渐衰落，新兴地方戏大量出现。清代前期，在民间广泛流传的主要包括演唱梆子腔的梆子声腔系统、演唱西皮、二簧两种腔调的皮簧声腔系统、演唱吹腔、拨子两种腔调的吹拨声腔系统、演唱明清俗曲的弦索声腔系统和演唱三五七、二凡两种腔调的乱弹声腔系统一共五种声腔系统，其中又数前两种流布最为广泛。

　　梆子腔就是用梆子乐器击节的声腔。关于它的来源，一说来源于陕西、甘肃的秦腔，一说来自于陕西、山西的山陕梆子腔。乾隆年间，梆子腔迅速向外地发展，并与地方方言结合起来，形成富有地方色彩的各种梆子腔。在山东、河南出现了高调、平调，山西出现了上路调、下路调，还有四川的盖板子、贵州的黔梆子、云南的滇梆子，甚至在陕西省内也出现了西安梆子、同州梆子、汉调梆子、西府梆子。不同地域、不同语言的梆子腔调组合在一起，组成了庞大的梆子腔系。

　　皮簧腔的流传程度仅次于梆子腔，由西皮、二簧两种腔调组成。西皮起源于西北的梆子腔，二簧则起源于吹腔、拨子。嘉庆、道光年间，西皮与二簧两相结合，形成皮簧腔。皮簧腔流传到全国各地后，形成了各地以皮簧腔为主的剧种，如安徽的徽

江苏苏州忠王府戏台

山西太原晋祠戏台（水镜台）

广东佛山祖庙戏台

赵文华（昆曲）

张飞（柳子戏）

戏、湖北的汉剧和北京的京剧，共同构成皮簧腔系。

俗曲又称弦索腔，以弦索乐器作为主要的伴奏乐器，清初演唱俗曲的剧种主要包括柳子戏、大弦子戏、罗子戏、丝弦、罗罗腔、耍孩儿等等，这六种剧种构成了演唱明清俗曲的剧种群体，又称弦索声腔系统。

吹拨腔包括吹腔的拨子。吹腔是弦索流入安徽后，由安徽人歌唱而成的石牌腔，又称枞阳腔，拨子则是梆子由西北传入皖南以后变化而成的，拨子在皖南与吹腔两相结合，成为徽戏的主要声腔，称为吹拨腔系。

乱弹腔由二凡、三五七两种腔调组成。三五七带有吹腔的风格，二凡则富含北方梆子的因素。乱弹腔在全国各地传开后，发展成为黄岩乱弹、绍兴乱弹、浦江乱弹、温州乱弹等，共同组成乱弹腔系。

各种声腔体系在全国各地形成后，相互交流、相互影响，形成了一些综合性的剧种，使得地方剧种更加繁荣、丰富。

安徽画风兴盛

清初，安徽画坛出现了以弘仁为代表的"新安派"和以萧云从为代表的"姑熟派"等，还有一些著名画家以独特的风貌称著一时。

安徽新安地区产生了以弘仁为代表的一大批遗民画家。他们的画法多学元代倪瓒，画风追求宁静淡寂，形成基本一致的审美心态。他们都注重向自然学习，山水画多以黄山为题材，艺术风格也比较接近，形成了阵容庞大，独具风格的"新安画派"。"新安画派"除了弘仁外，还有汪之瑞、孙逸、查士标、郑旼、祝昌、江注、姚宋等人。其中汪之瑞、孙逸、查士标最为出色。汪之瑞，字无端，安徽休宁人。善画山水，他以悬肘中锋运渴笔焦墨，好用麻皮荷叶皴，笔墨疏放老到，境界简练明净。孙逸，字无逸，号疏林，安徽海阳人。山水兼法南北宗各家，尤得吴门遗韵，山势沉稳有建筑感，画风疏朗宁静。查士标（1615～1698），字二瞻，号梅壑散人，安徽休宁人，擅画山水，笔墨疏简，意境荒寂。

安徽芜湖地区，聚集了许多画家。画风比较接近，史称为"姑熟画派"。这一派以萧云从为首。萧云从（1596～1673），字尺木，号无闷道人，晚号钟山老人等，安徽芜湖人。早年是复社成员，曾与阉党阮大铖等人进行过激烈的斗争。入清以后，隐居避世，专意于书画创作，寄兴于山水之间，他的山水师法于倪瓒、黄公望，同时也受唐、宋、元、明诸家的影响。他曾东登泰山，南渡钱塘，漫游长江两岸，写山水实景，他画山石，用笔多方折而枯瘦，参以一些横皴、竖皴或淡墨渲染增强山石体面效果。气象萧散，骨体方折，别出心裁。萧云从的画法对"姑熟派"有很大影响。他的弟子萧云倩、儿子萧一、侄儿萧一荐、一箕、一芸等人直接继承了他的画法。

除了新安、姑熟两个画派以外，还有个别的画家也很出名，比如梅清。梅清（1623～1697），字渊公，一字远公，号瞿山，安徽宣城人。他擅画山水、

《山水图》轴。汪之瑞绘。

《山水图》轴。查士标绘。

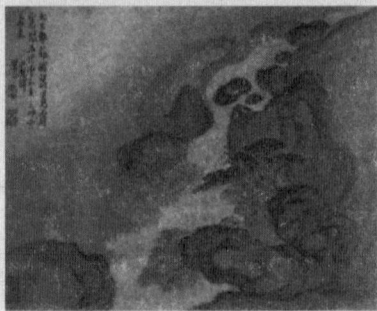

《高山流水图》轴。梅清绘。

《黄山十九景图》册。梅清绘。

尤善写松，多作黄山风景，笔法松秀，墨色苍浑。他的山水行笔有异新安诸家生涩、萧散的画风，别有一番郁勃之气。梅清的兄弟、子侄、孙辈中善于绘画者很多，比如梅蔚、梅羽中、梅庚等学的都是梅清的画法。四僧中的石涛早年也受过梅清的影响。梅清的存世作品有《黄山图册》、《天都峰图轴》、《西海千峰图轴》、《探梅图轴》等等。

《华氏琵琶谱》编成

清代以前，琵琶艺术在我国已经过大约1200年的发展过程，出现了一些独奏乐曲，但还没有曲谱刊刻。清初，琵琶艺术进入了新的繁荣时期，演奏水平提高，曲目增多，文人中出现了一批琵琶艺术家，并初步形成流派。更重要的是这时出现了琵琶乐谱刊刻本《华氏琵琶谱》。

《华氏琵琶谱》是乾隆至咸丰年间琵琶艺术家华子同、华秋蘋兄弟和裘晋声等9人编订的琵琶曲谱，本名《琵琶谱》，后改名为《南北二派秘本琵琶谱真传》，简称《华氏琵琶谱》。华秋蘋名文彬，字伯雅，江苏无锡人。他精于琵琶，又擅长琴艺和昆曲，多才多艺，被尊为无锡派琵琶宗师。

《华氏琵琶谱》分3卷，卷上收北派王君锡传谱14曲，包括大曲《十面埋伏》；卷中收南派陈牧夫传谱49首；卷下收陈牧夫传谱5首，均为大曲，有《将军令》、《霸王卸甲》、《海青拿鹤》、《月儿高》、《普庵咒》5曲。这些大曲至今仍然广为流传，具有极高的艺术价值。在《华氏琵琶谱》的编订过程中，华子同四处收集南北各派曲谱，并加以修订整理，而华秋蘋的主要贡献则在辑录指法、确立符号和审订方面。比起较早的一素子手写本《琵琶谱》（乾隆二十七年，1762），《华氏琵琶谱》指法符号更为清楚明确，解释用语也具体生动。

《华氏琵琶谱》对于琵琶指法、谱式的确立，对于琵琶艺术的发展、琵琶艺术社会地位的提高都产生了重要作用，为后世所尊奉，直至今日仍受到重视。

五福图轴。此图为居巢中年之作品，构图新颖，寓意深长，有浓厚的乡土气息和广东民间特点。

任颐人物画出神入化

任颐（1840～1895），原名润，字伯年，号小楼，后更名颐，浙江山阴（今属绍兴市）人。任颐幼年随父学画人物肖像；后又到宁波随任薰学画；寓居上海30年，以卖画为生，为上海画派的主将。与任熊、任薰、任预并称为"晚清四任"。

任颐最负盛名的是人物画。他的人物画植根于江浙一带浓厚的民间艺术；寓居上海期间，又吸取了西洋画的有益成分，中西结合，出神入化。

任颐善于捕捉人物瞬间的神情动态，于细微处着墨。其人物画取材广泛，既有历史、神话故事和民间传说，也有直接反映现实生活的作品。代表作有《三友图》、《沙馥小像》、《仲英小像》等。《群仙祝寿图》以12幅屏条组成一个巨幅，人物众多，形象生动，构思奇妙，是公认的珍品。任颐的人物画被誉为"曾波臣后第一手"，徐悲鸿则称其为"仇十洲（英）后中国画家第一人"。

任颐的花鸟画和山水画也很有名，他运用工笔、写意、勾勒、没骨、设色、水墨等均自如无比，而运用淡墨，尤有独到之处。他的写意画中掺和着水彩画法，新意迭出，明快温馨，清新活泼。他的山水画也别具丘壑，气象万千。任颐亦善塑像，他用宜兴土塑制的父亲像"状至入神"。他制作的茗壶酒瓶及各种器皿造型新颖别致，为人喜爱。

任颐生活的时代，国难当头，民族危机深重。江浙一带，尤其是上海，更是帝国主义横行霸道之地。任伯年耳濡目染，表现在他的画中，就是多针砭寄情之作，如《苏武牧羊》、《钟馗》、《关河一望萧索》、《送炭》、《女娲炼石》、《树荫观刀》等作品。《苏武牧羊图》上题有"身居十里洋场，无异置身异域"，是近代知识分子爱国情感的真实写照。

任颐的《苏式牧羊》

李叔同创作歌曲

　　清代后期著名的学堂乐歌音乐家之一李叔同（1880～1942），原名文涛，字叔同，别署甚多，原籍浙江平湖，生于天津。青少年时擅长书画篆刻，工诗词。1898年入上海南洋公学，便接触了救亡图存的维新思想。1903年又从沈心工处接受了乐歌和西洋音乐知识。随后不久，即编选出版了《国学唱歌集》，这是早期重要的歌曲集之一，集中选编具有爱国情绪的古典诗词和近代诗人的词入曲。

　　他根据日本留学生传唱的《大国民》改编的《祖国歌》，表现了他的爱国热情，且被广为传唱。1905年，李叔同赴日本学习西洋绘画和音乐，也就在这一年，他自编了我国近代最早的音乐刊物《音乐小杂志》。1910年回国后主要从事音乐、美术教育工作，并再次投入乐歌创作活动。

　　李叔同的乐歌作品，有选曲（用既有的词）、填词、作词、作曲4种方式，风格则有表现爱国热情的《大中华》、《出军》、《扬鞭》、《婚姻祝辞》等以及风俗性和抒情性的独唱和小型合唱，后一种有的思想倾向较为消极。他的《送别》、《西湖》等优秀作品，文词秀丽、形象鲜明，富于意境，具有较完美的艺术性。他创作的3首作品，都具有含蓄、典雅的风格，如《春

李叔同在春柳社首演《茶花女》时饰玛格丽特

游》，刻画春回大地，人们怀着激动的心情游春的情景。旋律轻柔跳荡，严整和谐，完美地抒发了时代的感情，是近代创作中的优秀之作。

明星影片公司成立

1922 年 2 月，张石川等人在经营股票生意的大同交易所投机失败后，以亏蚀剩余资本为基础，与郑正秋、周剑云等人发起组织了明星影片股份有限公司。

明星公司创办的初衷，一方面是这些创办人看到电影事业"发达在所不免"，是一项有利可图、大有可为的事业；另一方面，则企图通过电影来"补家庭教育暨学校教育之不及"，把电影看成是一种"改良社会"的工具。按照明星公司主持人张石川的意见，公司拍片，应先进行"尝试"，只能"处处惟兴趣是尚"。为此，该公司拍摄的第一部故事短片是《滑稽大王游华记》，

《孤儿救祖记》（1923，张石川导演）

上海亚细亚影戏公司在拍片。立于摄影机旁指挥者为张石川。

中国第一个女演员严珊珊。香港懿德师范毕业，辛亥革命时曾参加广东北伐军女子炸弹队。

上海亚细亚影戏公司全体演职员在上海香港路 5 号露天摄影场中

表现卓别林来中国后的笑料：追汽车、掷粉团、踢屁股、和胖子打架、坐通天轿……应有尽有。第二部短片《劳工之爱情》，表现水果商人向医生女儿求爱的故事。第三部影片《大闹怪剧场》，更是异想天开，让卓别林和罗克的形象同时出现在影片中，打逗追逐，大闹特闹。第四部《张欣生》，改编上海浦东发生的一桩谋财杀父的人命案。这些滑稽短片趣味低级，逐渐失去市场。

1923 年后，拍摄《孤儿救祖记》，从此开始摄制长故事剧。此片的成功，不仅使明星公司摆脱了经济困境，同时也吸引了更多的人投资于电影事业，其它电影公司相继成立，带来了中国早期电影的繁荣。1927 年摄制《火烧红莲寺》，开中国影坛神怪武侠片之先河。1931 年，试制成功中国第一部蜡盘配音有声片《歌女红牡丹》。1932 年，邀请夏衍等人作编剧，促成与左翼文艺工作者的结合。之后，较快拍摄了《狂流》、《铁板红泪录》、《女性的呐喊》等一批反帝反封建为主题的影片。1936 年，明星公司进行改组，明确提出"为时代服务"的制片方针，建立了明星一厂、二厂。二厂吸收了一批左翼电影工作者，相继拍摄了《生死同心》、《压岁钱》、《马路天使》等影片。1937年抗日战争爆发，明星公司制片基地严重受损，遂停办。

明星影片公司从1922～1937年共拍摄影片200余部，培养了包括编剧、导演、摄影、美工、录音、剪辑、洗印、发行在内的一整套人才，经历了从无声片到有声片的变革。为中国民族电影事业的兴起、发展、进步做出了积极贡献。

联华影业复兴国片

1929年，在神怪武侠影片的浪潮中，一家新的影片公司"联华"成立了。它有别于其他许多影片公司，在经营方式、影片的创作内容和方法方面均显露了自己的特点，给人以"新"的感觉，引起了观众的注意。

联华影业公司的创办人和总经理罗明佑是官僚资本家、基督教牧师，他将自己1927年成立的华北电影有限公司同黎民伟的民新影片公司、吴性栽的大中华百合影片公司、但杜宇的上海影戏公司等电影机构合并，在香港成立总管理处，上海设分管理处，北京设分厂，并企图"在国内寻觅经营一广大之电影区以集中各厂于一处，成中国之电影城"。为了这个目的，他们还在北平设立了联华演员养成所，广泛吸收外资和国内资本家投资。由于"联华"善于网罗人才，尤其注意吸收具有新文化思想的艺术人员参与创作，为复兴国片

1934年电影《渔光曲》拍摄完成后，聂耳、王人美、蔡楚生、罗明（右起）在沙滩上合影。蔡楚生（1906～1968），广东潮阳人，电影编导。代表作有《都会的早晨》（1933）、《渔光曲》（1934）、《一江春水向东流》（1947）等。

《新女性》（1934，蔡楚生导演）

做出了许多积极的努力。从1930年～1932年止，共拍摄了《故都春梦》、《野草闲花》、《恋爱与义务》、《恒娘》、《一剪梅》、《南国之春》、《野玫瑰》、《人道》、《共赴国 》、《火山情血》《奋斗》等故事片28部。这些影片的编、导、演大多是受了资产阶级教育的资产阶级或小资产阶级知识分子，很不同于过去在电影创作中一直占优势地位的鸳鸯蝴蝶派文人和文明戏出身的电影工作者，因此在电影创作上完全摆脱了文明戏的影响，突破了中国电影长期因袭的连环画式、流水帐式交待故事的陈规旧套，比较讲究导演的技巧，更多地注意对电影艺术特性的运用和掌握，能够比较流畅地处理镜头的组接，给人耳目一新的感觉，受到普遍的欢迎，使联华形成了与"明星"、"天一"鼎足而立的局面。

1933年开始，在左翼电影运动的影响和该公司进步电影工作者的努力下，影片有了更大进步，摄制出了一批在中国电影史上产生过较大影响的影片，如《三个摩登女性》、《城市之夜》、《都会的早晨》、《母性之光》、《小玩意》、《渔光曲》、《大路》、《神女》、《新女性》等。这些影片在题材上突破了一般的市民生活的描绘，直接表现劳动人民、进步知识分子；在艺术手法上既注意民族化、大众化的表现形式，又努力吸取外国电影中的好经验，发挥电影艺术的特长，联华的影片也因此被当时舆论肯定为"新派"电影的代表。

由于一开始就明确提出了"复兴国片"、"抵抗外片"、"提倡艺术"、"宣扬文化"的方针和口号，数年间，联华成为一家有影响、有作为的公司，为复兴国片做出了很大的贡献。

1937年抗日战争爆发，公司停办。

《歌女红牡丹》轰动全国

　　《歌女红牡丹》是中国最早的两部蜡盘发音有声片之一，由明星影片公司和百代公司于1931年合作摄制，由洪深使用庄正平的化名编剧，张石川导演，董克毅摄影。

　　歌女红牡丹（胡蝶饰）嫁了一个无赖丈夫（王献斋饰），她声名极盛，月入颇丰，仍不够丈夫挥霍，为此屡受刺激，以致嗓声失润，但她对丈夫还是忍气吞声、委曲求全，及至沦为三四等配角，生活潦倒不堪，丈夫照旧对她百般虐待、盘剥。后来，丈夫因卖掉女儿，心情懊恼，以致失手杀人，被捕入狱，她仍不咎既往，探望营救。

　　影片通过红牡丹这个深受封建意识毒害的歌女遭受重重折磨压迫而仍不

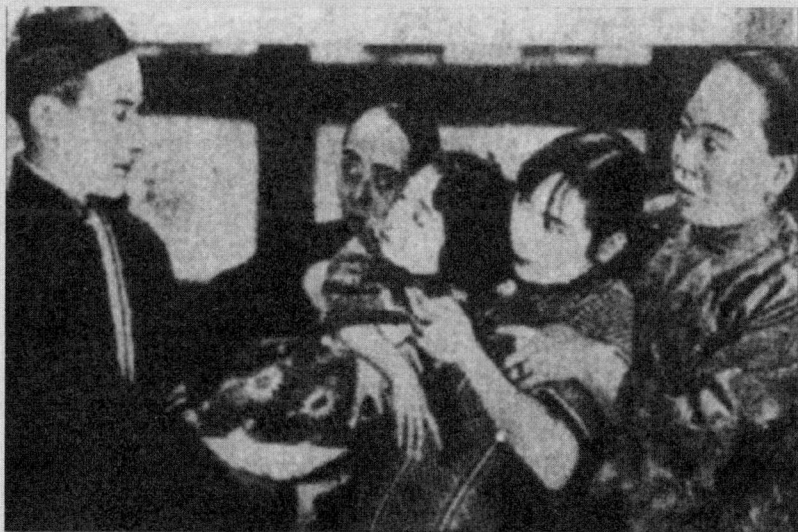

《歌女红牡丹》剧照

觉悟的描写，暴露了封建旧礼教对妇女心灵的摧残和毒害，抨击了红牡丹的丈夫——一个封建遗少的无耻寄生生活，具有一定的现实意义。影片利用有声的优越条件，穿插了京剧《穆柯寨》、《玉堂春》、《四郎探母》、《拿高登》四个节目的片断，是观众在银幕上第一次听到戏曲艺术的唱白。这部影片耗资12万元，费时6个月，收音过程中曾遭遇到不少困难，进行了5次试验才获成功。这部影片于1931年3月15日在上海新光大戏院首次公映。因为是中国的第一部有声片，当时不仅轰动了全国各大城市的观众，同时也吸引了南洋的侨胞，产生了一定的影响。